Bodo Meier-Böhme

Der verlorene Sonntag

ctb calwer taschenbibliothek 80

Bodo Meier-Böhme

Der verlorene Sonntag

Sechs Freunde und die Zehn Gebote

Calwer Verlag Stuttgart

Bibliografische Information der Deutschen Bibliothek

Die Deutsche Bibliothek verzeichnet diese Publikation in der Deutschen Nationalbibliografie; detaillierte bibliografische Daten sind im Internet über *http://dnb.ddb.de* abrufbar.

ISBN 978–3–7668–3644–1

2. Auflage 2007

Satz: Karin Klopfer, Calwer Verlag
Umschlaggestaltung: ES Typo-Graphic, Stuttgart, unter Verwendung einer Zeichnung von Angelica Guckes, Leinfelden
Druck und Verarbeitung: Gutmann + Co., 74388 Talheim

Inhalt

Anja träumt fast jede Nacht, von einem Monster verfolgt zu werden. Im Traum kann sie jedes Mal entkommen. Aber eines Morgens wacht sie auf und stellt fest, dass es keinen Sonntag mehr gibt. Als ihr Freund Daniel plötzlich verschwindet, hat sie Angst, dass das Monster aus ihren Träumen sie in der Wirklichkeit verfolgt.

Daniel ist der Älteste in der Gruppe. Alleine macht er sich auf die Suche und kommt einer Bande zu dicht auf die Spur. Seine Ortskenntnisse helfen den Freunden, den richtigen Weg zu finden.

Lucies Quirligkeit und Ungeduld helfen den Freunden immer wieder, auf die richtigen Gedanken zu kommen. Aber ein verlorener Sonntag lässt sich nicht durch eine Abstimmung wieder zurückholen.

Jonas liebt die Sonntage, die er meist mit seinem Vater und seinem jüngeren Bruder verbringt. Es passiert immer etwas Spannendes. Er verspricht Sarah, sie und ihre Mutter einmal auf den Sportplatz mitzunehmen – und wer weiß, vielleicht können sich die beiden Erwachsenen ja gut leiden?

Philipp ist verzweifelt, weil er seinen besten Freund vermisst. Er tut alles, um ihn wiederzufinden und gerät in einen gefährlichen Kampf. Fast hätte er diesen verloren, wenn ihm nicht ein Wunder im rechten Moment zu Hilfe gekommen wäre.

Sarah langweilt sich an Sonntagen. Ihre Mutter schläft sehr lange und sie weiß nicht, was sie machen soll. Am liebsten wäre es ihr, wenn es ab sofort nie mehr einen Sonntag geben würde. Aber in der Bücherei kommt sie dem Geheimnis des Sonntags auf die Spur.

Ein böser Traum

Das Ungeheuer kommt immer näher. Sie rennt so schnell sie kann. Die Tür steht offen, gleich hat sie es geschafft. Sie muss nur noch über die Bahngleise – hoffentlich kommt kein Zug. Sie rennt und rennt – sie spürt schon den Atem des Ungeheuers heiß, feucht und brennend im Genick. Ein Zug – auch das noch! Sie hört das Schrillen der Pfeifen, sie schafft es, das Schrillen wird lauter, das Schrillen ist ohrenbetäubend – sie schafft es, die Gleise zu überqueren. Das Schrillen hört aber nicht auf, der Zug donnert hinter ihr vorbei, das Monster ist nicht mehr zu sehen – sie wachte schweißgebadet auf.

War es ein Traum? Gott sei Dank. Puh, das war ja noch einmal gut gegangen. Es war der Wecker, der so schrillte. Der Wecker? Anja kam langsam zu sich. Wieso klingelte der Wecker? Sie haute drauf, wie jeden Morgen. Der arme Wecker konnte doch nichts dafür, dass sie aufstehen musste. Schließlich war es seine Aufgabe, zu wecken. Aber wieso heute? Wieso ausgerechnet heute?

Sie rieb die Augen und legte sich wieder hin. Sie musste nachdenken. Der Traum hatte sie sehr verwirrt. Heute war sie diesem Ungeheuer nur knapp entkommen. Anja überlegte, weshalb sie heute, am Sonntag, den Wecker auf 6.30 Uhr gestellt hatte. Wollte sie etwa mit Daniel angeln gehen? Sie konnte sich nicht erinnern. Daniel war doch gar nicht da; der war doch mit seinen Eltern übers Wochenende zur Oma gefahren. Oder hatte sie etwas mit ihren Eltern vor?

Sie horchte nach draußen auf den Flur. Tatsächlich, sie hörte leise Stimmen und auch die Kaffeemaschine lief schon. Aber was wollten sie unternehmen? Sie zweifelte langsam an ihrem Verstand, dabei war sie doch noch gar nicht so alt, erst 12 Jahre, und sie besuchte die siebte Klasse. Also noch lange kein Alter, um an Gedächtnisschwund zu leiden. Da ging die Tür auf und ihre Mutter kam herein.

»Guten Morgen. Nun steh schon auf, du Langschläferin. Ich habe doch deinen Wecker gehört. Es ist ein schöner Tag. Ich glaube, es wird heute keinen Regen geben. Du bist spät dran. Kerstin kommt wahrscheinlich gleich.«

Kerstin war ihre Klassenkameradin. Da sie den gleichen Schulweg hatten, holte Kerstin sie jeden Morgen ab. Schulweg? Wieso Schulweg? Heute war doch ...

»Heute ist doch Sonntag. Da ist doch keine Schule.«

»Warum sollte heute keine Schule sein? Du hast doch jeden Tag Schule. Nun stell dich nicht so an und steh endlich auf. Dein Frühstück ist auch schon fertig.«

War das ein schlechter Traum? Oder war der 1. April? Wollte Mutter sie auf den Arm nehmen? Anja war irritiert. Sie beschloss, das Spiel erst einmal mitzuspielen. Ihre Mutter klang so überzeugend. Später würden sie ja dann gemeinsam über den Witz lachen. Oder hatte sie den letzten Sonntag schlichtweg vergessen? Aber sie konnte sich nicht daran erinnern, was sie da gemacht haben sollte.

Also gut. Sie schlurfte ins Bad und gab sich ihrer morgendlichen Toilette hin.

Später, am Frühstückstisch, ließ sie sich die Morgensonne ins Gesicht scheinen. Das wärmte so schön – und kitzelte. Irgendetwas war heute anders als sonst. Sie fühlte es. Nicht nur, dass sie sich an den gestrigen Sonntag nicht mehr erinnern konnte – auch ihre Mutter war so komisch.

»Wenn du heute von der Schule kommst, geh doch bitte noch schnell bei Schrader vorbei. Ich brauche Brot und eine kleine Butter. Die Tage rasen so schnell dahin und man müsste eigentlich jeden Tag einkaufen. Mal sehen, wenn ich es schaffe, mache ich morgen einen Großeinkauf.«

Jetzt kam Anjas Vater in die Küche, trank wie immer seinen Kaffee im Stehen. »Da spare ich viel Zeit«, bemerkte er jedesmal dabei. Für Anja war das unvorstellbar. Sie stand morgens immer etwas früher auf, um gemütlich frühstücken zu können. Am liebsten Cornflakes mit viel Milch. Nur am Sonntag frühstückte die Familie gemeinsam und saß stundenlang um den großen Esstisch. Das war sehr gemütlich. Anja mochte es, wenn ihre Eltern ausgelassen und entspannt waren und viel Blödsinn machten. Das aber war leider meistens nur am Sonntag so.

»Wann frühstücken wir denn mal wieder zusammen?« fragte Anja ihren Vater.

»Ach Anja, du stellst jedesmal die gleichen Fragen. Im Urlaub, das weißt du doch. Da haben wir dann Zeit. So, ich bin spät dran. Dabei könnte ich mich gleich wieder hinlegen. Ich fühle mich heute so schlapp, als ob mir irgend etwas fehlt. Komisch. Also los. Noch zweieinhalb Monate, dann ist Urlaub angesagt. Tschüs, Anja. Einen schönen Schultag wünsche ich dir. Mach's gut, Schatz. Ich ruf dich nachher mal im Büro an.« Er schnappte sich seine Tasche und rauschte aus der Haustür. Das machte er jedes Mal. Anjas Vater war ein wahres Energiebündel. Er ging gerne arbeiten; er machte Entwürfe, nach denen dann große Häuser und

Brücken gebaut wurden. Anja fand das spannend. Vor allem, weil ihr Papa Gebäude zeichnete, die man später anschauen und betreten konnte.

Noch einmal drängte ihre Mutter zur Eile. »Kind, du isst ja gar nichts. Nun beeile dich doch. Kerstin muss jeden Augenblick hier sein.«

»Sag mal, Mama, wieso frühstücken wir erst wieder im Urlaub zusammen? Was machen wir dann am Sonntag?«

»Sonntag? Was für ein Sonntag? Ich weiß nicht, was du meinst.«

»Na, sonntags frühstücken wir doch immer zusammen. Ich finde das toll. Machen wir das jetzt nicht mehr?«

»Kind, was ist denn mit dir? Bist du krank? Lass mal sehen. Nein, Fieber hast du nicht. Gut, wenn du dich in der Schule nicht wohl fühlst, kommst du nach Hause. Ich rufe dann Dr. Bechtinger an. Ach, ich muss ja heute früh ins Geschäft. Dann lässt du mich von der Schule aus anrufen. Ich nehme dann frei. Das ist kein Problem.«

Jetzt hatte auch Anja das Gefühl, dass sie krank wurde. Oder träumte sie nur? Ja, ein Fiebertraum. Das war wie mit dem Monster, nur echter.

Sie hatte einmal einen Film gesehen. Da wurde eine Frau von ihrem Mann verrückt gemacht. Er erfand lauter Sachen, die es gar nicht gab. Und seiner Frau wollte er weismachen, dass sie diese Dinge nur nicht sehen könne. Die Frau hatte es zuerst nicht gemerkt, dann ist sie aber doch dahinter gekommen. Vielleicht wollten ihre Eltern ihr nur etwas vorspielen. Das musste es sein! Aber warum nur?

»Ich habe dir etwas Obst in deine Tasche gepackt. Ein paar Vitamine können nicht schaden. Wenn du zu Hause bist, ruf mich im Büro an. Ich bin dann ruhiger.«

»Die spielt ihre Rolle aber echt gut«, dachte Anja als es klingelte und Kerstin vor der Tür stand.

In der Schule

»Was soll denn das?«, sagte Kai. »Wieso schulfrei? Wir haben doch keine Ferien.«

Anja hatte schon viele aus ihrer Klasse gefragt, wie sie den gestrigen Sonntag verbracht hätten. Aber niemand konnte es ihr sagen. Schlimmer noch, sie konnten sich noch nicht einmal an diesen Sonntag erinnern. Und jetzt hatte Kai ihr gerade erklärt, dass es überhaupt keinen Sonntag gab.

»Sag mal, bist du denn blöd? Sechs Tage hat die Woche, 365 Tage hat das Jahr. Wir haben zwölf Monate und somit etwa 60 Wochen im Jahr. Wir haben – ich glaube – 12 Wochen Ferien im Jahr. Das ist doch eine Menge freier Tage. Soll das ein Quiz sein oder willst du mich auf den Arm nehmen? Da musst du aber früher aufstehen.« Kai war sichtlich sauer. Er konnte es nicht leiden, wenn er so auf die Probe gestellt wurde. Anja mochte ihn gerne. Er wusste so viel. Aber manchmal, wenn er das Gefühl hatte verarscht zu werden, konnte er total wütend werden.

Anja lief auf die andere Seite des Schulhofes, dorthin, wo große Steine zu einer Spiel- und Sitzgruppe angeordnet waren. Sie musste nachdenken.

Es konnte doch nicht sein, dass ihre Eltern ihr einen Streich spielen wollten. Zumindest Kai hätte dann nicht mitgespielt, da war sie sich ziemlich sicher. Und sie hatte auch schon mit vielen anderen Kindern gesprochen. Niemandem war etwas Ungewöhnliches aufgefallen. Sie traute sich nicht, Frau Löblich anzusprechen. Ihre Klassenlehrerin war immer so nett, Anja kam gut mit ihr aus. Aber jetzt hatte sie Angst, getadelt zu werden. Offensichtlich stimmte hier etwas nicht.

An einer Ecke der Steingruppe stand Daniel. Er war ganz alleine. Normalerweise spielte er doch immer Fußball in den Pausen. Er saß da und starrte ins Leere. Anja setzte sich neben ihn.

»Hallo, Daniel, wie geht's?«

»Och, danke. Es geht. Ich glaube, mir ist schlecht. Vielleicht habe ich nicht gut geschlafen.«

»Komisch. Ich habe auch nicht gut geschlafen. Morgen schreiben wir eine Englischarbeit. Vielleicht fühle ich mich deshalb so flau. Ich kann das noch nicht.«

»Ja, die Schule. Die kann einen schon fertig machen. Und ...« Daniel zögerte und machte eine kurze Pause. Dann wischte er sich etwas aus dem Auge als wäre das der Grund für die Unterbrechung gewesen. Er druckste herum: »... wie, wie hast du die letzten Tage verbracht?«

»Wieso fragst du? Wir haben uns doch gestern gesehen?«

»Ach ja, hatte ich ja völlig vergessen. Ich habe heute das Gefühl, dass mir etwas fehlt. Muss an meinem Traum gelegen haben.«

»Wieso? Was hast du geträumt?« Anja kam das alles ziemlich merkwürdig vor.

»Ich kann mich nicht mehr erinnern. Ist irgendwie alles weg.«

»Du, Daniel, kannst du dir vorstellen, dass etwas plötzlich weg ist?« »Plötzlich? Naja, wenn sich die Erde auftut und zieht alles mit sich in den Abgrund. Aber so richtig kann ich mir das nicht vorstellen.«

»Nein, das meine ich auch nicht. Etwas, was man nicht sehen oder anfassen kann. Aber man kennt es trotzdem.«

Daniel wirkte verunsichert. »Sag mal, was soll das? Ich verstehe nicht, was du meinst.«

»Ach Mensch, mach es mir doch nicht so schwer. Ich kann's nicht richtig erklären.« Anja und Daniel saßen nebeneinander und starrten jetzt beide vor sich hin. Dann gaben sie sich einen Ruck – man konnte es richtig sehen – und redeten wild durcheinander: »Was hast du ...«

»... gestern gemacht ...« »... freier Tag...« »... zu Oma und Opa ...« »... Fußballspielen gewesen ...« »... endlich mal ausschlafen ...« »... mit den Eltern frühstücken ...«

Es brach aus beiden heraus. Seit dem Morgen hatten sie sich zurückgehalten, hatten viele verwunderte Blicke geerntet, wurden belächelt und schräg angesehen. Jetzt war ihre alte Freundschaft aus Kindergartentagen ihre letzte Hoffnung. Und außerdem hatten sie schon so manch merkwürdige Sache gemeinsam erlebt. Sie verstummten und schauten sich an. Dann mussten sie lachen. Anja schüttelte sich vor Lachen. Und Daniel lachte mit! Gerade war er noch missmutig und zurückhaltend gewesen. Und jetzt musste sogar er lachen. »Hast du's also auch bemerkt?«

Anja konnte nicht reden, sie lachte, Tränen schossen ihr in die Augen, sie nickte, konnte aber nicht aufhören zu lachen.

»Ich finde das überhaupt nicht lustig.« Das Lächeln verschwand von Daniels Lippen. Er schaute Anja ernst an. »Hier stimmt etwas nicht.«

Anja versuchte, sich zu beruhigen. »Ja, das glaube ich auch. Ich frage mich nur, wer uns hier einen Streich spielen will.«

»Niemand. Die Sache ist ernst – und ich glaube es stimmt: wir haben keinen Sonntag mehr. Es gibt keinen Sonntag – und es hat ihn auch nie gegeben. Die Menschen können sich nicht erinnern.«

»Willst du damit sagen …? Quatsch, das ist doch Blödsinn. Komm, Daniel, du siehst schon wieder Gespenster. Manchmal denke ich, ich bin in einem bösen Traum, und gleich kommt Mama rein und weckt mich auf.«

Die beiden waren so in ihr Gespräch vertieft, dass sie das Ende der Pause nicht bemerkten. Die anderen Kinder waren längst schon wieder in ihren Klassenzimmern.

»Anja, Anja, wach auf. Dies ist kein Traum. Wir sind doch zu zweit. Hier ist etwas faul. Wir beide wissen, dass es einmal einen Sonntag gab. Und nun ist er plötzlich weg – und keiner kann sich daran erinnern, nur wir beide. Weißt du noch, als wir damals nach dem verschwundenen Kreuz suchten? Da war das auch so, niemand konnte sich erinnern. Nur uns ist es aufgefallen.«

Anja schaute Daniel mit großen Augen an. Ja, sie konnte sich noch sehr gut daran erinnern. Irgendwie war das damals aber nicht so schlimm gewesen. Es war ihr lange Zeit gar nicht aufgefallen, dass es in den Kirchen und anderswo kein Kreuz mehr gab, das an Jesus erinnern sollte. Lucie stellte es zuerst fest und hatte Anja und die anderen alarmiert. Zusammen hatten sie sich auf die Suche gemacht. Seitdem nannten sich die sechs Freunde »Die Reli-Mafia«. Sie waren eine eingeschworene Truppe.

»Um Himmels willen, die Pause ist um, Daniel, die anderen sind ja schon wieder alle weg. Los, lass uns reingehen. Wir treffen uns heute Mittag um drei in der alten Ruine.«

»Gut. Du sagst den Mädels Bescheid. Ich rufe die Jungs an.«

Die beiden trennten sich und gingen in ihre Klassenzimmer. Jetzt fühlten sie sich ein bisschen besser als vor der Pause.

Eine Woche hat sechs Tage

»Au, pass doch auf, wo du hintrittst.«

»Was kann ich denn dafür? Es ist doch so verflixt dunkel hier.«

Vor einiger Zeit hatten sie diese alte Ruine entdeckt. Damals hatte ihr Reli-Lehrer auf einer Schnitzeljagd eine Spur für sie gelegt, die in diesem alten Gemäuer begann. Und seither trafen sie sich hier jeden Dienstagnachmittag. Manchmal kam es allerdings vor, dass sie sich außerplanmäßig treffen mussten. Und dies war heute der Fall, denn es war Montag. Das glaubten jedenfalls alle. Nur Anja und Daniel nicht, und deshalb hatten sie die anderen vier verständigt. Dringlichkeitsstufe 1 war angesagt – und das bedeutete, dass man alles stehen und liegen lassen musste. Das Treffen hatte Vorrang. Und alle hielten sich daran.

Jonas war wieder einmal der Letzte. Und da es in der alten Ruine so dunkel war, stolperte er über sämtliche Füße. Daran hatten sie sich mittlerweile gewöhnt. Endlich saßen alle im Kreis und Anja zündete die Kerze an. Da sie das außerplanmäßige Treffen einberufen hatte, kam ihr auch das Privileg zu, die Kerze anzünden zu dürfen. Ansonsten wechselten sie sich damit ab.

Anja schaute in die Runde. Daniel starrte wieder einmal ins Leere. Jonas, Sarah, Philipp und Lucie sahen Anja neugierig an. »Nun sag schon, was gibt's?« Lucie war immer ungeduldig. Sie konnte es nicht leiden, wenn man sie auf die Folter spannte.

»Der Sonntag ist weg. Habt ihr es auch gemerkt?« Das war Daniel. Anja schaute ihn überrascht an. Aber er fixierte einen Punkt, der irgendwo im Raum zu schweben schien und den keiner erkennen konnte. Die anderen sagten nichts. Sarah blickte zuerst zu Daniel und versuchte, seinen Blick einzufangen. Dann schaute sie zu Anja hinüber. Die Kerze flackerte. Die Schatten tanzten an den Wänden um sie herum. Niemand sprach ein Wort.

»Du meinst, du hast es auch gemerkt?« Philipp brach zuerst das Schweigen. Er sprach vorsichtig, fast zurückhaltend. Es war, als ob er sofort wieder einen Rückzieher machen wollte. Nur nicht zu weit vorwagen. Wer weiß, was die anderen sonst über einen denken mochten. Daniel nickte leicht, fast nicht wahrnehmbar. Jonas streckte sich. »Ach, das Gefühl, dass etwas fehlt, hatte ich heute morgen auch, aber dann habe ich mich daran gewöhnt. Vielleicht habe ich nur schlecht geschlafen, das gibt sich irgendwie wieder.«

Anja wurde langsam nervös. »Nein, es stimmt. Der Sonntag ist weg. Daniel und ich haben heute morgen in der Schule ganz viele Kinder gefragt, und keiner konnte etwas von einem Sonntag erzählen. Es gibt ihn plötzlich nicht mehr, weil niemand den Sonntag kennt.«

Endlich mischte sich auch Sarah ein. »Das ist ja eigenartig. Ich hätte mich nicht mehr getraut, irgendwen zu fragen. Ich habe heute morgen so viel Schimpfe bekommen, dass mir das für die nächsten Wochen reicht.« Sie war die Vorsichtige in der Gruppe. Ihre Vorsicht hatte ihnen allen schon einmal das Leben gerettet, als sie sich fast zu weit ins Weltall hinausgetraut hatten. Wenn Sarah damals nicht gewesen wäre, dann säßen sie heute bestimmt nicht hier.

Und wieder war es Lucie, die neugierig war und immer wieder versuchte, das Gespräch voranzubringen. »Nun aber mal Klartext: Wem von uns ist aufgefallen, dass wir eigentlich einen Sonntag haben, der aber plötzlich nicht mehr da ist? Melden!«

Alle meldeten sich, Sarah nur zögernd, dann aber war sie sichtlich erleichtert.

»Da haben wir's. Niemand von uns spinnt. Eigentlich wäre heute Sonntag. Ist aber nicht. Er ist weg, geklaut oder so was.«

Auf einmal redeten die sechs Freunde wild durcheinander.

»Wahrscheinlich explodiert. Einfach peng – und futsch ist er.«

»Quatsch, ein Tag kann doch nicht einfach explodieren.«

»Ja, und wie erklärst du dir, dass er nicht mehr da ist, Jonas, hä?«

»Langsam, nicht so schnell. Bis jetzt wissen wir nur, dass heute Sonntag wäre. Vielleicht kommt er ja nächste Woche.«

»Du bist doch doof. Glaubst du denn, der Sonntag kommt mal vorbei und dann auch wieder nicht, gerade so, wie es ihm passt?«

»Wieso gibt es eigentlich Sonntag?«

»Keine Ahnung. Damit ich länger ausschlafen kann.«

»Ja, und damit ich mit meinen Eltern frühstücken kann, das haben wir heute nicht gemacht – und das fehlt mir jetzt.«

»Ja, gut. Aber wer sagt denn, dass es einen Sonntag geben muss. Oder wer hat ihn eingerichtet?«

»Na, sicherlich die Regierung. Oder die Arbeiter, damit sie frei haben.«

»Ich glaube, das waren die Lehrer, damit sie mal Ruhe haben vor uns.«

»Ist das denn wichtig? Heute haben wir keinen Sonntag. Ich war in der Schule und alles war wie immer. Das war ein öder Tag.«

Die sechs Freunde wurden sich langsam einig. Und nach einiger Zeit kamen auch andere Gespräche auf: die Schulaufgaben, die Sportergebnisse, Tratsch und Klatsch, Verabredungen für das kommende Wochenende.

»Wochenende?« fragte Anja schrill. »Und was ist, wenn auch das nächste Wochenende ausfällt, weil es einfach keinen Sonntag mehr gibt?«

»Das weiß ich doch nicht.«

»Glaube ich nicht. Der nächste Sonntag kommt bestimmt.«

»Und wenn nicht?«

»Ja, was dann, wenn nicht?»

Lucie fand natürlich auf diese Frage gleich eine Antwort: »Dann treffen wir uns am nächsten Montag wieder hier.«

»Und was machen wir morgen?«

»Morgen ist Dienstag. So oder so. Vielleicht fällt der auch aus. Wäre nicht schlecht. Morgen habe ich Mathe. Und ich habe wieder mal keine Ahnung davon.«

»Philipp, du musst mehr lernen. Das ist doch nicht schwer. Bei der letzten Arbeit hat es doch auch geklappt, nachdem wir gelernt haben.« Anja war recht gut in Mathe und sie half Philipp häufiger. Aber irgendwie hatte er einfach keine Lust.

»Also gut, wenn der Tag morgen normal stattfindet, dann sehen wir uns wieder hier. Vielleicht haben wir bis dahin etwas neues herausgefunden.«

Sie verabredeten sich also für den nächsten Tag zum »normalen« Treffen und gingen auseinander, jeder zu sich nach Hause in die Wohnungen, in denen eigentlich sonntagnachmittägliche Stimmung hätte herrschen müssen.

Anja ging vorher noch bei Schrader vorbei. Ihre Mutter hatte ihr Geld mitgegeben, damit sie Brot und Butter einkaufen konnte. Sie ging gerne zu Schrader, weil dort die Verkäuferin immer so nett war. Außerdem lagen am Eingang die Zeitschriften aus und niemand meckerte, wenn sie die neueste Ausgabe einer Zeitschrift für Mädchen durchblätterte. Da sie heute ein wenig Zeit hatte und das neue Heft auch auslag, gönnte sie sich einige Minuten Pause und blätterte die Zeitschrift durch. Sie las gerade einen Artikel über einen wirklich gut aussehenden Jungen, als sie von hinten geschubst wurde und ihr die Geldbörse aus der Hand fiel. Das ganze Geld rollte quer über den Boden. Sie erschrak und bückte sich schnell. Eine Frau in einem langen, schwarzen Mantel hastete an ihr vorbei.

»Hey, Sie hätten sich wenigstens entschuldigen können.«

»Komm Anja, ich helfe dir.« Wie gesagt, es gab in diesem Geschäft eine nette Verkäuferin. Frau Schütz arbeitete schon lange hier. »Es gibt manchmal komische Menschen. Die habe ich noch nie hier gesehen. Das war aber eine Unverschämtheit. Die hat genau gemerkt, dass sie dich angerempelt hat. Hast du dir weh getan?«

»Nein, ist schon okay. Hoffentlich finden wir das ganze Geld wieder. Ich soll Brot und Butter kaufen.«

»Na, dafür reicht's sicherlich. Hier ist noch ein Fünfer. So, ich glaube, das war alles. Ich muss wieder an die Kasse.« Frau Schütz ging an die Kasse zu einer Kundin. Anja schlenderte durch den Laden und holte sich noch eine Brezel. Das machte sie meistens, weil die so schön frisch waren. An der Brottheke unterhielt sich ein Kunde mit Frau Becker, die montags hier aushalf.

»... lange weg gewesen. Und jetzt taucht er plötzlich wieder auf und wirft mit Geld nur so um sich. Keiner weiß, wo er war und wo er nun das viele Geld her hat. Ich glaube ja, der handelt mit Drogen. Der sieht doch schon so abgerissen aus.«

»Hat die Polizei denn schon einmal eine Razzia bei ihm gemacht?«

»Aber das geht doch nicht. Die müssen doch erst einen Verdacht haben. Na, ich könnte denen ja einiges erzählen. Der kam ja früher immer hier einkaufen. Und meistens hat er anschreiben lassen. Dann hatte er Schulden. Über 500 DM stand er bei uns in der Kreide, als er verschwand. Der Chef hatte das Geld schon in den Wind geschrieben. Als er wiederkam, bezahlte er die ganze Summe auf ein Mal. Seither kauft er bei uns nicht mehr ein. Wahrscheinlich schämt er sich – oder wir sind ihm nicht mehr gut genug.«

»Ich habe ihn vergangene Woche bei Feinkost Hammel gesehen.«

»Ich sag's ja. Nun gut, jeder, wie er kann.«

Anja wurde ungeduldig. »Ich hätte gerne ein Vollkornbrot, ein dunkles, bitte.« »Ach, ja, entschuldige bitte, ich ... Auf Wiedersehen, Herr Özgir. Also, ein großes Vollkornbrot. Gut.« Sie packte das Brot ein und reichte es Anja. Die holte die Butter aus dem Kühlregal und ging zur Kasse. Frau Schütz hatte viel zu tun, deshalb konnte Anja sich nicht weiter mit ihr unterhalten. Sie bezahlte ihre Rechnung und verließ das Geschäft.

Sie war immer noch ein bisschen sauer auf die Frau im schwarzen Mantel als sie zu Hause ankam. Zusammen mit ihrer Mutter regte sie sich über die großen und kleinen Unverschämtheiten der Mitmenschen auf. Das tat gut! Mit ihrer Mutter konnte man so herrlich über andere lästern. Und es ging einem doch schon viel besser, wenn man erst einmal Dampf abgelassen hatte.

Am nächsten Tag wachte Anja auf, wie an jedem Dienstag. Sie ging in die Schule und hatte auch Unterricht wie an jedem Dienstag. Nachmittags trafen sich die Freunde wie an jedem Dienstag und anschließend ging sie in ihre Gymnastikstunde wie an jedem Dienstag. Alles war wie immer und niemandem fiel etwas auf.

Auch die restlichen Tage der Woche verstrichen wie gewöhnlich und nichts passierte. Oder doch, natürlich, es war ja etwas passiert und es wiederholte sich: auf den Samstag folgte der Montag. Vater musste samstags arbeiten. Und so fiel auch diesmal wieder das gemeinsame Frühstück ins Wasser.

Am Montagmorgen schrillte wieder der Wecker. Die Woche hatte nur noch sechs Tage. Den Sonntag gab es nicht mehr.

Eine Abmachung

»Also, lange halte ich das nicht mehr aus. Das ist ja ganz schön anstrengend.« »Nun reg dich nicht auf, Lucie.« meinte Jonas. »Du hast doch immerhin noch den Samstag zum Ausschlafen. Das reicht doch auch. Irgendwie.«

»Ja, irgendwie«, meinte Daniel. »Aber es ist irgendwie nicht dasselbe. Sonntag ist Sonntag. Auch wenn es manchmal ein bisschen langweilig war.«

»Hör auf. Mit Grausen muss ich daran denken«, fiel Sarah ihm ins Wort. »Ich habe mich an vielen Sonntagen schrecklich gelangweilt. Meine Mutter schläft immer bis zum Mittag, weil sie abends lange ausgeht. Dann gab es nichts zu essen und ich habe meine Zeit mit Fernsehen totgeschlagen.«

»Aber es kommt doch darauf an, was man aus diesem Tag macht«, verteidigte Anja den Sonntag. »Wir haben immer zusammen gefrühstückt. Und das war toll. Meine Eltern waren da meist sehr ausgelassen und lustig. An den anderen Tagen waren sie nie so. Und jetzt ist das alles vorbei. Ich kann es noch nicht glauben.«

Sarah schaute Anja ernst an: »Du hast ja auch Mutter und Vater. Ich habe nur meine Mami. Das ist ein Unterschied.«

»Ich bin mit meinem Paps alleine. Und? Ist doch nicht schlimm. Er kann kochen und ich lerne es auch gerade. ›Wir brauchen keine Frau zu Hause‹, meint er immer. ›Wir schaffen das schon.‹ Und sonntags machen wir es uns richtig gemütlich. Meistens gehen wir mit Dirk Fußball spielen oder ins Kino. Oder wir besuchen Freunde. Das ist toll. Und jetzt soll es das nicht mehr geben? Also, wenn ihr mich fragt, ich will den Sonntag wiederhaben!« Jonas stampfte mit den Füßen auf. Seine Wut war in der dunklen Ruine deutlich zu spüren. Gespenstisch flackerten die Schatten an den Wänden.

»Äh, wenn ihr mich fragt ... « Alle schauten auf Philipp. Er war der Kleinste und machte meist mit dieser Bemerkung auf sich aufmerksam. Für die Anderen hieß das, dass er etwas sagen wollte. Und meistens sagte er etwas Wichtiges. Deshalb verstummten die Freunde und blickten in Philipps Richtung.

»Nun sprich endlich. Oder soll ich dir eine Einladung schicken?« Lucie wurde wieder ungeduldig.

Philipp ließ sich diesmal auch nicht lange bitten. »Wir müssen abstimmen. Wollen wir den Sonntag wiederhaben oder nicht?«

»Ja, gute Idee. Und wenn wir alle dafür sind, kommt er wieder, oder was?« »Nein. Rede doch nicht so einen Quatsch, Lucie. Wenn wir alle dafür sind, werden wir uns auf die Suche machen. Aber wir müssen uns einig sein. Sonst geht es nicht. Das wisst ihr doch.« Alle nickten. Ein oder zwei Mal waren sie sich nicht einig gewesen und hatten auch prompt nichts erreicht. Aber das war eine andere Geschichte.

Lucie griff die Anregung von Philipp sofort auf. »Lasst uns abstimmen. Wer will, dass der Sonntag zurückkommt?« Fünf Finger gingen in die Luft. Sarah schaute zu Boden. »Ich weiß nicht. Es ist so ein langweiliger Tag.«

»Mensch, Sarah. Das kann man doch ändern. Wir gehen am nächsten Sonntag angeln, das verspreche ich dir. Das heißt, wenn es ihn irgendwann wieder geben sollte.«

»Komm, mach mit. Ich hole dich am nächsten Sonntag ab, oder am übernächsten, und wir machen einen Bummel durch die Stadt.«

»Und ich will mir dir in den Wald gehen, da können wir Blätter sammeln und die Vögel beobachten.«

»Und ich lade dich zu uns ein – zum Frühstück. Wenn du willst, kannst du deine Mutter mitbringen.«

»Vielleicht sollten sich unsere Eltern kennen lernen. Ihr geht mit auf den Fußballplatz. Da können wir uns das Spiel ansehen und deine Mutter und mein Vater lernen sich endlich einmal kennen. Vielleicht verstehen sich die beiden ja.«

Sarah musste lachen. »Ist das hier ein Heiratsinstitut? Ich kriege ja kaum noch Luft. Ist gut, ist gut. Ich bin auch dafür. Ihr habt mich überredet. Aber was machen wir jetzt?«

»Ist denn irgendwem in der letzten Woche etwas besonderes aufgefallen? Vielleicht hilft uns das ja weiter.« Lucie schaute die anderen fragend an.

»Ja, ich bin am letzten Montag angerempelt worden. Und die dumme Kuh hat sich noch nicht einmal entschuldigt. Ist einfach davongerauscht in ihrem schwarzen Mantel.«

»Schwarzer Mantel? So ein langer Mantel, der hinten geteilt ist?«

»Ja. Ich glaube, so sah er aus. Wieso fragst du, Jonas?«

»Und hatte die Frau so eine Kette um mit einem Anhänger, auf dem eine große ›Sechs‹ zu sehen war?«

»Das weiß ich nicht. Habe ich nicht gesehen. Warum?«

»Ich kam vor einigen Tagen am Schloßplatz vorbei. Da war gerade eine große Demonstration im

Gange. So ein Typ mit einer fürchterlichen Stimme hielt eine Ansprache. Ich habe nicht viel verstanden. Aus Politik mache ich mir nichts. Er sagte, dass alle faul seien und niemand mehr arbeiten wolle. Ziemlich viele Leute waren da und haben Beifall geklatscht. Und dieser Mann hatte einen schwarzen Mantel an und eine Kette mit einer ›Sechs‹ dran. Komisch, oder? Das ist mir aufgefallen.«

»Mm, keine Ahnung. Ich kenne mich in Politik auch nicht aus. Muss ja nichts heißen, schwarze Mäntel gibt es auch genügend. Aber wir sollten mal darauf achten.« Daniel schaute in die Runde. »Gibt es sonst noch was?«

Doch niemandem sonst war etwas aufgefallen, alle schüttelten die Köpfe.

»Gut. Also, ich glaube, wir müssen uns jetzt jeden Tag treffen. Ab jetzt sollten wir auf Menschen in schwarzen Mänteln achten. Und vielleicht haben von denen auch einige eine Kette um.«

»Und wenn wir so jemanden sehen, was sollen wir dann machen?«, fragte Sarah vorsichtig.

»Vorsichtig sein. Nur beobachten. Vielleicht fällt uns dann noch etwas anderes auf.«

Die sechs Freunde legten die Hände über der Kerze aufeinander und verabschiedeten sich. Es gab viel zu tun. Sie wussten noch nicht, dass am nächsten Tag einer von ihnen fehlen würde.

Ein Plan

Für Anja verlief der Schultag völlig normal. Wieder einmal hatte sie Schwierigkeiten in Englisch. Herr Breuer nahm sie häufig dran, obwohl sie sich nicht gemeldet hatte. Leider blieb sie oft genug die Antwort schuldig. Sie mochte gar nicht daran denken, wie sich das im Zeugnis auswirken würde. Aber immerhin machten ihr Deutsch und Mathe Spaß; am meisten mochte sie, wenn sie sich Geschichten ausdenken durften. Heute war Herr Maiser ganz begeistert. »Du hast ja enorm viel Phantasie. Mir hat besonders gut gefallen, dass das Monster den kleinen Kai im letzten Moment verpasst hatte. Das war wirklich filmreif. Die Szene mit dem Zug, der sich zwischen Kai und das Monster schiebt, kommt in Filmen häufig vor. Schön und spannend.« Anja verriet nicht, dass sie diese Geschichten träumte. Aber das brauchte sie ja auch nicht. Ihre Träume gehörten ihr – und die durfte sie im Deutschunterricht doch zu Geschichten verarbeiten, oder etwa nicht?

Zu Hause musste sie sich erst um ihre Hausaufgaben kümmern und anschließend noch einige

Dinge für ihre Mutter einkaufen. Dann endlich konnte sie zur alten Ruine eilen. Lucie und Philipp waren schon da. Sie hatten alles vorbereitet, die Sitzgelegenheiten herbeigeschafft und ein wenig aufgeräumt.

Danach kamen Jonas und Sarah. Sie überlegten, wie sie ihre Eltern zusammenbringen könnten. Sarah glaubte nicht, dass ihre Mutter an einem Fußballspiel besonderen Gefallen fände. Und Jonas wiederum konnte sich nicht vorstellen, dass sein Vater die Nächte in Discos verbringen wolle. »Er ist fast immer mit mir zusammen. Außer wenn er arbeiten gehen muss. Manchmal ist das blöd, er fühlt sich so schrecklich verantwortlich. Dabei bin ich doch schon groß, fast erwachsen.«

Die fünf setzten sich im Kreis um die Kerze, die noch nicht brannte, denn sie mussten ja noch auf Daniel warten. Jetzt war er schon eine halbe Stunde zu spät. »Was ist denn bloß los? Das ist komisch. Er ist doch sonst immer so pünktlich.« Daniel war immer pünktlich und er war sehr zuverlässig.

»Vielleicht hat er etwas entdeckt und geht jetzt der Spur nach«, gab Philipp zu bedenken.

»Das ist egal. Er weiß doch, dass wir warten. Ich finde das fies.«

»Nun warte doch noch ein paar Minuten. Sicherlich ist irgendetwas dazwischen gekommen. Nachher wird er uns bestimmt alles erklären.« Anja beruhigte Lucie, die es vor Ungeduld mal wieder nicht aushalten konnte. Sie hatten nämlich beschlossen, dass sie über ihre Fälle und Nachforschungen erst reden durften, wenn alle zusammen waren.

So warteten sie noch ein wenig, vertrieben sich die Zeit mit den neuesten Informationen aus der Schule und schauten ständig Richtung Eingang. Aber Daniel kam nicht. Sein Platz blieb leer.

»Wir können nicht hier bleiben. Da stimmt etwas nicht. Ich habe so ein ungutes Gefühl.«

»Anja, du hast immer ein ungutes Gefühl. Das heißt nichts. Aber wir können hier tatsächlich nicht bleiben. Ich schlage vor, wir gehen zu Daniel nach Hause und sehen nach, was los ist. Vielleicht hat er es ja vergessen.«

»Seine Eltern haben ihm bestimmt Hausarrest gegeben. Nichts könnte ihn davon abhalten, hierher zu kommen.« Philipp war aufgesprungen und räumte seinen Stuhl in die Ecke. »Kommt, wir holen ihn zu Hause ab.«

Die fünf Freunde machten sich auf. Glücklicherweise wohnte Daniel nicht sehr weit entfernt, so konnten sie gut zu Fuß gehen.

Daniels Mutter war sehr erstaunt, als sie die Haustür öffnete und in fünf fragende Kindergesichter sah. »Was wollt ihr denn hier?«

»Guten abend Frau Schneider. Ist Daniel hier?«

»Ja, ist er denn nicht bei euch? Er wollte euch doch treffen.«

»Wir haben ihn nicht gesehen«, sagte Philipp und wirkte sehr verunsichert. »Aber das ist doch schon mehr als zwei Stunden her. ›Ich treffe die Anderen‹ hat er gesagt und ist gegangen. Ich habe ihm noch Geld mitgegeben, damit er auf dem Rückweg etwas Obst mitbringen kann.«

Jonas wollte sich nicht länger mit Daniels Mutter unterhalten, da sie sich bestimmt sonst Sorgen machen würde. »Danke, Frau Schneider, wir haben ihn bestimmt verpasst. Vielleicht hat er nicht gewusst, dass wir uns heute woanders treffen wollten. Wir gehen mal wieder los und suchen ihn. Wenn er kommt, sagen Sie ihm bitte, dass wir hier waren und dass wir uns morgen wieder an der alten Stelle treffen«. Er zog die anderen mit sich. »Kommt, wir gehen und schauen noch mal nach.«

Widerwillig folgten sie.

Wieder auf der Straße, versammelten sie sich um Jonas. »Mensch, ihr könnt doch die Frau nicht so beunruhigen. Wir müssen Daniel suchen. Das ist die einzige Möglichkeit. Wir wissen, dass hier irgendetwas passiert sein muss. Erst ist der Sonntag weg und jetzt auch noch Daniel.«

»Und was schlägst du vor? Langsam wird mir das alles unheimlich. Wer weiß, was mit Daniel passiert ist.«

»Ich glaube, wir sind alle in Gefahr.« Anja fühlte sich an das Monster erinnert. Sie hatte plötzlich das Gefühl, verfolgt zu werden. Es war alles wie in ihrem Traum. Vorsichtig schaute sie sich um, aber da waren nur ganz normale Passanten, die an ihnen vorbeihasteten, um die letzten Einkäufe vor Geschäftsschluss zu erledigen.

»Wie meinst du das?« Sarah klang ängstlich. Sie konnte sich das nicht vorstellen. Sie war stets darauf bedacht, niemals aufzufallen. Und jetzt musste sie sogar Angst haben, dass ihr Name bei irgendjemandem auf der Liste stand. Keiner gab eine Antwort. Alle schauten betreten zu Boden. Anja überlegte. »Das ist wie in meinem Traum, ihr wisst, das Monster, das mich immer verfolgt. Jede Nacht renne ich weg und bin froh, dass ich ihm entkommen kann. Aber das hält nur für eine Nacht. Im nächsten Traum muss ich wieder fliehen, weil es mich entdeckt hat. Ich glaube, das ist so ähnlich.«

»Aber ich sehe kein Monster.« Philipp schaute sich demonstrativ um. »Echt, hier ist nichts außer vielen Erwachsenen mit Einkaufstaschen.«

»Das stimmt, wir können es nicht sehen. Aber es ist da. Der Sonntag ist weg. Und Daniel ist auch weg. Irgendetwas verfolgt uns. Wir können es nur nicht sehen.«

»Wir müssen es sichtbar machen«. Jonas begriff sofort, worauf Anja hinauswollte. »Wir müssen das Monster hervorlocken. Es muss sich verraten, dann können wir es sehen. Dann wissen wir, wer uns verfolgt.«

»Und dann sollen wir abhauen? Seid ihr bescheuert? Ich locke doch niemanden hervor, um dann abzuhauen. Lieber rühre ich mich nicht, dann brauche ich auch keine Angst zu haben.«

»Mensch, Sarah, du verstehst aber auch nichts. Das Monster verfolgt dich sowieso. Du kannst es nur nicht sehen. Das ist der Witz. Wir müssen weglaufen und wissen noch nicht einmal vor was.« Alle hatten sich auf die Gedanken und die Träume von Anja eingelassen. Jetzt konnten sie ihre Ängste verstehen. Sie hatte den Freunden immer wieder von ihrem Traum und diesem Monster erzählt. Aber sie konnte es nie beschreiben. »Ich muss das Monster sehen können. Das ist die Lösung.«

»Nein Anja«, Jonas legte seinen Arm um Anjas Schultern. »Nein, das ist nicht die Lösung. Du wirst deine Angst dadurch nicht los. Du musst das Monster sehen – und dann musst du es verjagen. Fliehen hat keinen Sinn, dann kommt es immer wieder.«

Anja hatte das Gefühl, als sei das Monster aus ihren Träumen ganz in ihrer Nähe. Aber sie konnte es nicht sehen. Die Angst, die sie aus ihren Träumen kannte, war plötzlich ganz stark. Sie weinte, aber die Freunde standen um sie herum – in ihren Träumen war sie immer allein.

»Es ist ganz in unserer Nähe. Es schaut mich an. Ich spüre es, aber ich weiß nicht, wo es ist. Ich kann nicht weglaufen. Ich bin wie gelähmt.«

Jonas drückte sie fest an sich. Er wollte ihr so gerne helfen, aber er war ein wenig hilflos. Er wusste nicht, was er machen sollte.

Sarah stand abseits. Sie hatte Angst. Wurden sie beobachtet? Von wem? »Am liebsten würde ich jetzt nach Hause gehen.«

»Wohin? Zu deiner Mutter, die jetzt gerade müde von der Arbeit auf dem Sofa liegt? Meinst du, das hilft dir, Sarah?«

»Wir müssen etwas unternehmen!«

»Ja klar, Lucie. Aber was sollen wir tun?«

»Also, wenn ihr mich fragt, müssen wir das Monster herauslocken, damit wir es sehen und dann vertreiben. Einfach in die Flucht schlagen. Es darf nie wieder kommen. Und dann befreien wir den Sonntag und Daniel. Ich glaube, dass das Monster beide gefangen hält.« Alle schauten auf Philipp. Er wirkte nachdenklich und traurig. »Wir müssen sie befreien. Ich werde meine Angst sonst nicht los, versteht ihr?«

Anja löste sich aus der Umarmung von Jonas und ging auf Philipp zu. »Komm, alles wird wieder gut, glaub mir. Ich habe eine Idee. Hört mal zu ...« Die fünf Freunde steckten die Köpfe zusammen und beratschlagten. Erst viel später trennten sie sich und alle gingen nach Hause.

Alle? Nicht alle. Anja ging bei Schrader vorbei. Sie fragte Frau Schütz nach der Adresse von Frau Becker. Sie stattete ihr einen kurzen Besuch ab und erfuhr, was sie wissen wollte. Sie machte sich Notizen, bedankte und verabschiedete sich und ging nach Hause. Sie war sehr zufrieden mit sich.

Am Abend konnte sie nicht einschlafen. Sie hatte große Angst, dass das Monster wiederkommt – diesmal würde sie nicht heil davonkommen, das spürte sie. Außerdem musste sie über vieles nachdenken. Und morgen sollte ja auch die Schule ausfallen – jedenfalls für sie und ihre Freunde. Schließlich brauchten sie die Zeit, um das Monster aus seinem Versteck hervorzulocken.

Der Sonntag

»Pst, nicht so laut. Du musst aber auch immer einen Krach machen. Kannst du nicht ein bisschen vorsichtiger sein?«

Die fünf hatten sich in der Bücherei verabredet. Sie wollten wissen, was es mit dem Sonntag auf sich hat. Offenbar waren sie die einzigen, die wussten, dass es jemals einen Sonntag gegeben hatte.

»Also, wenn ihr mich fragt, brauchen wir mehr Information.« Philipp spricht dieses Wort immer englisch aus: innfomeischen. »Wir stochern doch die ganze Zeit im Dunkeln herum. Das bringt's doch nicht. Wir müssen erst einmal wissen, wieso es einen Sonntag gibt. Seit wann gibt es ihn? Warum ist nicht jeder Tag Sonntag? Wir müssen das irgendwie rausfinden!«

»Ja, das ist gut.« meinte Sarah, die den Sonntag noch nie leiden konnte. »Vielleicht finden wir dann auch heraus, warum er immer so langweilig ist. Und dann können wir endlich sagen, dass es besser ist ohne den Sonntag. Da macht doch alles viel mehr Spaß.« Sarah war seit einiger Zeit besser gelaunt.

Doch war ihr die ganze Sache nicht mehr geheuer. Schließlich war Daniel verschwunden und die Monstergeschichten von Anja machten Sarah Angst.

Bevor sie irgendetwas unternehmen wollten, schauten die Freunde noch einmal bei Daniels Mutter vorbei. Frau Schneider war völlig außer sich. Sie hatte zwar die Polizei informiert. Aber sie meinte, die würde wahrscheinlich doch nichts unternehmen. Die Polizisten nähmen an, dass sich Daniel irgendwo versteckt hätte oder zu Freunden gefahren sei, die sie nicht kannte. Die fünf versprachen der verängstigten Mutter, die Augen offen zu halten und auch auf sich selbst gut Acht zu geben. Mehr konnten sie nicht tun.

Lucie war es dann, die die Aufgaben verteilte. Seit Daniel nicht mehr bei ihnen war, fühlte sie sich noch stärker für die Gruppe verantwortlich. Dabei kam ihr ihre Ungeduld zugute. Sie schlug vor, in den verschiedenen Büchern in der Bücherei zu stöbern und einfach alles zusammenzutragen, was man über den Sonntag finden könne.

Die fünf machten sich an die Arbeit. Das war gar nicht so einfach, denn immerhin schwänzten sie die Schule und durften sich nicht erwischen lassen. Manche Kinder und Erwachsene kamen sogar am Morgen in die Bücherei und vor einigen mussten sie sich verstecken.

Glücklicherweise blieben sie unentdeckt. Sie waren fast den ganzen Tag in der Bücherei und blätterten, stöberten, schrieben sich Stichworte auf, suchten, fotokopierten und diskutierten immer wieder miteinander. Natürlich gingen sie auch immer wieder zur Bibliothekarin, um nähere Informationen zu bekommen oder eine Auskunft, wo sie welches Buch finden konnten.

Am späten Nachmittag endlich war es soweit. Die große Schlussbesprechung sollte stattfinden und sie trafen sich in einer ruhigen Ecke der Bücherei, dort, wo sonst niemand hinkam.

»Ich habe das nicht gewusst. Ich dachte immer, es gibt einen Sonntag, so, wie es auch die anderen Tage gibt. Das ist ja echt toll, so ein freier Tag.« Sarah war ganz rot und erhitzt. Man sah ihr an, dass sie den ganzen Tag ohne Unterbrechung gelesen hatte – und es schien spannend gewesen zu sein. »Das kommt alles irgendwie aus der Bibel.«

»Kluges Kind. Das hätte ich dir auch schon vorher sagen können. Natürlich kommt der Sonntag aus der Bibel, nur, dass er damals noch nicht Sonntag hieß, sondern Sabbat, und der Sabbat war der Ruhetag. Deshalb mussten wir auch einmal in der Schule die zehn Gebote lernen. Da kam das nämlich auch vor.« Jonas machte gerne Religion, er machte überhaupt alle Fächer recht gerne. Irgendwie fiel ihm das Lernen leicht.

»Ja, das habe ich auch herausgefunden. Also, da waren die Israeliten in Ägypten gefangen und mussten viel arbeiten ...«

»... die waren Sklaven und mussten irgendwelche dummen Ziegel brennen«, fiel Philipp Anja ins Wort.

»Ist ja egal. Jedenfalls hat Mose sie dann befreit.«

»Mensch, du kannst aber auch die einfachsten Dinge nicht behalten. Eigentlich war das nicht Moses, der sie befreit hat, sondern Gott. Mose hat Gott geholfen, denn der konnte das nicht alleine. Und dann sind sie alle zusammen jahrelang durch die Wüste gezogen und wollten eigentlich wieder zurück in die Sklaverei, weil irgendwie hat es ihnen dort besser gefallen als in der staubigen und trockenen Wüste. Aber Mose ließ nicht locker. Er hatte ja auch Gott hinter sich. Und dann sind sie da durch die Einöde gelaufen und haben das Land gesucht, in das sie ziehen sollten, weil Gott meinte, das wäre genau das Richtige für sie. Aber bevor sie dort ankamen, hat Gott ihnen noch die zehn Gebote gegeben. Mose ist auf den Berg gestiegen und hat sich mit Gott unterhalten. Nach einer Weile kam er dann wieder runter und hatte die Gebote in der Hand ...«

»... die waren auf zwei Tafeln geschrieben!«. Jonas warf Sarah einen kurzen Blick zu. Wenn er mal am Reden war, fand er so schnell kein Ende mehr. Aber die anderen mochten die Art, wie er redete. Er konnte das, was er gelesen hatte, so erzählen, als wäre er selbst dabei gewesen, und das war irgendwie spannend.

Jetzt aber hatte Sarah ihn aus dem Konzept gebracht. »Ja, auf zwei Tafeln. Gut, Sarah. Kann ich jetzt weitermachen? Also, und auf diesen Tafeln stand dann auch das Gebot, dass die Menschen arbeiten sollen, aber es gibt einen Tag in der Woche, an dem dürfen sie sich ausruhen. Und das ist der Sabbat. An diesem Tag sollen die Menschen zu Gott beten und ganz fromm sein.«

»Auweia, das kann ich mir aber nicht vorstellen. Dann ist es vielleicht ganz gut, wenn der Sonntag weg ist. Den ganzen Tag beten ist bestimmt nichts für mich.«

»Das kann man sich bei dir auch wirklich nicht vorstellen, Lucie. Aber gut, jedenfalls ist der Sabbat etwas Heiliges und man soll nicht arbeiten, sondern ausruhen.«

»Das stimmt. Aber bei uns heißt der nicht Sabbat, sondern Sonntag. Also ist der Sonntag der Tag, an dem man ausruhen soll und beten und so weiter. Und der Sonntag ist auch nicht der letzte

Tag in der Woche, sondern eigentlich der erste. Das kommt auch aus der Bibel und hängt mit Jesus zusammen. Die Christen haben schon bald seine Auferstehung am Sonntag gefeiert.«

»Jetzt weiß ich aber gar nichts mehr. Wieso am Sonntag? Ich denke, die Geschichte mit der Auferstehung war an Ostern?«

»Stimmt. Am Ostersonntag. Und deshalb hat man damals, als das alles anfing mit den Christen und der Kirche und so, jeden Sonntag die Auferstehung gefeiert. Das war jede Woche wie ein neuer Anfang. Und da haben die Christen natürlich immer einen wichtigen Gottesdienst gefeiert. Das war halt so.«

»Verstehe ich nicht. Fehlt denn jetzt überall der Sonntag? Ist der Sabbat auch weg? Haben andere Menschen, die nicht Christen sind, keine freien Tage?«

»Ich weiß nicht«, antwortete Anja, »das ist mir aber auch egal. Mir fehlt mein Sonntag. Und deshalb bin ich hier.«

»Gut, also, der Sonntag war ganz wichtig. Das habe ich jetzt verstanden. Die Leute hatten frei und konnten an diesem Tag etwas anderes machen als an den restlichen Tagen der Woche, an denen sie arbeiten mussten. Nur am Sonntag nicht. Und Gott hat das Mose auf diese zwei Tafeln schreiben lassen, damit es die Menschen nicht vergessen. So weit, so gut. Aber kannst du uns vielleicht auch sagen, Jonas, weshalb Gott dann zuließ, dass der Sonntag plötzlich wieder weg ist? Das ist doch komisch. Wenn der so eine tolle Einrichtung ist, dann muss er doch auch bleiben können.«

»Darüber habe ich nichts gefunden. Das verstehe ich auch noch nicht. Anja, du hast doch den ganzen Tag in einem einzigen Buch gelesen. Kannst du nicht was sagen?«

»Doch, aber es ist alles nicht so leicht. Also, Gott hat die Israeliten aus Ägypten herausgeführt und wollte, dass sie einen Tag in der Woche haben, an dem sie daran denken, dass das Leben nicht nur aus Arbeit besteht und es auch noch viele andere schöne Sachen gibt, die man machen kann.«

»Und was ist, wenn man an diesem Tag gar nicht mehr daran denkt, schöne Sachen zu machen?« Sarah wurde sehr nachdenklich. Man konnte ihr ansehen, dass sie an ihre Mutter dachte und an die Art, wie sie die Sonntage verbrachten – als es noch einen Sonntag gab.

»Hör auf, Sarah. Mach dir nicht solche Gedanken. Ich habe dir versprochen, dass wir zu viert was unternehmen werden. Aber bis dahin ist es noch ein langer Weg.«

»Jetzt hört mal zu«, Lucie war eine Idee gekommen. »So seid doch endlich mal still, wir haben nicht mehr viel Zeit; die Bücherei schließt gleich und ich muss noch einkaufen gehen. Sarah hat recht. Der Sonntag ist doch tatsächlich sinnlos, wenn wir immer nur auf sein Ende warten. Es soll ein freier Tag sein. Ein schöner Tag. Aber für viele ist er das nicht mehr. Ich glaube, Sarah ist nicht die einzige, die nichts mehr damit anzufangen wusste. Vielen geht es so.«

»Schön, Lucie. Und was sollen wir tun? Einfach wieder alle fest an diesen Tag glauben?«

»Nun sei nicht so gemein, Jonas. Lucie hat recht. Das hängt irgendwie damit zusammen. Anja, hast du deinen Auftrag gestern erledigt?«

»Ich habe alles herausgefunden. Morgen früh kann es losgehen. Ich gehe hin. Wer kommt noch mit?«

»Ich bin dabei. Das lasse ich mir nicht entgehen. Wir hauen Daniel da raus. Ich muss immer noch daran denken, wie tapfer er war, als wir damals in der Tinte saßen. Könnt ihr euch noch erinnern, wie er mich ...«

»Hör auf, Lucie. Die Geschichte erzählst du dauernd«, schrien alle. Damals waren sie auf der Suche nach dem Apostel Paulus, bei dem sich ein Junge befinden sollte. Aber das ist eine andere Geschichte.

»Also gut. Philipp und Anja übernehmen das morgen. Lasst uns gehen. Ich sollte das alles meinen Eltern erklären und ich habe keinen blassen Schimmer, wie ich ihnen beibringen soll, dass ich heute nicht in der Schule war.«

»Ja, gehen wir. Ich bin müde. Morgen wird ein anstrengender Tag.«

»Jonas?«

»Mmmh?«

»Sag mal, ich habe mal gehört, dass Moses zwei Mal auf den Berg zu Gott gegangen ist. Als er beim ersten Mal herunter kam, haben die Israeliten einen Tanz veranstaltet und sind um eine Goldfigur herumgesprungen. Da wurde er so wütend, dass er die Tafeln zu Boden warf, so dass sie zerbrachen. Dann ist er wieder auf den Berg gestiegen und hat sie sich ein zweites Mal anfertigen lassen. Kennst du die Geschichte?«

»Klar kenne ich sie. Das war ein goldenes Kalb, was du meinst. Aber ist das wichtig?«

Lucie sah nachdenklich aus. »Vielleicht. Ich weiß es nicht. Egal. Wir treffen uns morgen um 9 Uhr in der Ruine. Gute Nacht.«

Die fünf Freunde trennten sich vor der Bücherei und gingen ihrer Wege.

Ein aufschlussreicher Fund

Anja traute sich nicht nach Hause. Sie hatte am Morgen in der Schule angerufen und sich krank gemeldet. Es war leicht möglich, dass die Lehrerin am Mittag bei ihr zu Hause angerufen hatte, um sich nach ihr zu erkundigen. Sie konnte sich das Gesicht ihrer Mutter gut vorstellen. Und am Abend würde es dann bestimmt ein Donnerwetter geben, wenn Vater nach Hause kam. Es war also sicherlich das Beste, erst gar nicht nach Hause zu gehen. Am nächsten Abend würde sie dann alles erklären können. Das hoffte sie jedenfalls. Doch bis dahin war noch eine lange Zeit. Also lief sie zuerst einige Minuten ziellos durch die Stadt, denn sie wusste nicht, wohin sie gehen könnte. Irgendwo musste sie doch schlafen; die Nacht würde bestimmt kalt werden und noch nie hatte sie eine Nacht auf der Straße verbracht. Gerade als sie überlegte, ob sie nicht vielleicht doch nach Hause sollte, kam sie – wie zufällig - an der alten Ruine vorbei. Ja, natürlich, das war immer noch besser als auf der Straße zu schlafen. Sie stieg über das Geröll und suchte sich vorsichtig ihren Weg in den hinteren Raum. Dort entzündete sie die Kerze. Sie erwartete ja niemanden, also war das gestattet. Dann kuschelte sie sich in die Decke, die Jonas einmal mitgebracht hatte, und dachte nach.

Aber es machte keinen Spaß, und außerdem fror sie. Und zu allem Überfluss nagte der Hunger an ihr. Seit heute morgen hatte sie nichts mehr gegessen. Da mussten doch noch irgendwo ein Apfel und eine Banane sein. Sie konnte sich erinnern, gestern dort hinten in der Ecke etwas Obst gesehen zu haben. Es konnte noch nicht alt sein, denn Daniel hatte es vor kurzem als Proviant für alle mitgebracht. Das restliche Obst hatte er in eine Schale in der Ecke gelegt. Sie stand auf und suchte überall, unter Bergen von Zeitschriften und Comics, auf dem kleinen Tisch, hinter mehreren Steinen.

Was war denn das? Dort lugte ein Fetzen Papier hervor, den sie noch nie gesehen hatte. Sie zog ihn heraus. Im Dunkeln konnte sie nur einige Buchstaben darauf erkennen. Sie ging wieder zurück zur Kerze. Wahrhaftig, das war Daniels Schrift! Sie las:

das dritte Gebot fehlt
Moses ist ungeschickt
die Sonntagsräuber sind unterwegs
muss zum S

Das war alles. Was hatte ihn gestört? Wieso hat er nicht weitergeschrieben? Was bedeutete »S«? Anja wurde es unheimlich. Was war in dieser Ruine passiert? Sollte sie den Anderen Bescheid sagen? Sollte sie nicht doch nach Hause gehen? Endlich fand sie auch den Apfel, die Banane war nicht mehr da. Während sie den Apfel verzehrte, dachte sie über ihre Lage nach. Irgendwie konnte sie jetzt nicht nach Hause gehen, den Anderen konnte sie um diese Zeit aber auch nicht mehr Bescheid sagen. Schließlich entschloss sie sich, die Nacht doch in der Ruine zu verbringen. Egal, was hier passiert war, sie fühlte sich in den vertrauten Mauern doch einigermaßen wohl und sicher. Und vielleicht würde sie noch eine Spur finden, die zu Daniel führte. Sie setzte sich wieder in die Ecke und kuschelte sich in die Decke. Sie musste an Daniels Eltern denken. Wie sie sich jetzt wohl fühlten? Welchen Kummer hatten sie auszuhalten? Dann dachte sie an ihre eigenen Eltern, die sich jetzt genauso Sorgen machten. Wahrscheinlich werden sie bei Schneiders anrufen. Und dann werden sie feststellen, dass schon zwei Kinder fehlen. Sie werden sich die schlimmsten Geschichten ausmalen und bei den Freunden anrufen. Aber die werden nichts sagen können. Und das Versteck werden sie mit Sicherheit nicht verraten. Hier war sie sicher. Sie wollte nicht entdeckt werden. Sie wollte jetzt in Ruhe nachdenken, sie war müde, sie musste sich erst ein wenig ausruhen. Die Augen fielen ihr zu. Sie schlief ein.

Das Monster erscheint

Sie rennt so schnell sie kann, sie spürt, dass sie es schaffen kann. Nur noch über die Gleise, dann schnell zum Hauseingang und sie ist gerettet. Da hört sie das Pfeifen des Zuges. Das Keuchen und Atmen des Ungeheuers ist dicht hinter ihr. Sie hört den Zug, das Keuchen, das Pfeifen, den heißen Atem – sie rennt, so schnell es ihre Beine zulassen. Schnell über die Gleise, das Ungeheuer ist hinter ihr, sie hat es abgehängt. Jetzt ist sie gleich in Sicherheit; da ist schon die Tür, schnell auf und ..., nein, sie erschrickt, da ist etwas hinter der Tür. Sie stoppt, bleibt stehen, ist völlig außer Atem. Ängstlich dreht sie sich um – aber von den Gleisen ist nichts mehr zu sehen. Da öffnet sich die Tür einen kleinen Spalt und sie schaut in zwei Augen. Plötzlich hört sie eine Stimme aus dem Haus: »Du wirst es niemals schaffen, mich abzuhängen. Ich bin immer schon da. Du hast Angst vor mir, und das ist gut. Ich bin schneller als du. Warum rennst du eigentlich weg? Du hast doch sowieso keine Chance. Komm mit – und ich schenke dir, was du willst. Ich erfülle dir all deine Wünsche.«

Sie hört zu, kann sich nicht von der Stelle rühren. Sie ist gebannt. Ihr Mund ist trocken. Sie kann nicht schlucken. »Wer bist du?«

»Ach, lass doch diese albernen Fragen. Ich kann dir keine Antwort darauf geben, weil du sie sowieso nicht verstehen würdest. Niemand würde das verstehen. Die Menschen begreifen nur das, was sie auch sehen können; aber sie sehen nur das, was sie auch sehen wollen. Ihr seid so einfach.«

Ihr stockt das Herz. Es pocht bis zum Hals. Sie nimmt allen Mut zusammen: »Bist du ein Mensch?«

»Ein Mensch? Haha! Ein Mensch! Nein, mein liebes Kind. Damit kann ich nicht dienen. Mich gibt es nur in euren Fantasien, ihr träumt von mir. Ich mache euch Angst, aber ihr könnt nicht von mir lassen. Und so kann ich euer Leben bestimmen. Ist das herrlich, hahaha! Ich mache mit euch, was ich will. Und jetzt fehlt euch der freie Tag. Merkst du was? Ihr gehört mir!«

»Niemals!« Sie dreht sich blitzschnell herum und rennt zu den Bahngleisen zurück. Es kommt wieder ein Zug. Das Ungeheuer ist nicht hinter ihr. Aber sie hört dieses schreckliche Lachen. Hahaha! Das Lachen verfolgt sie, es hört nicht auf, sie springt auf den Zug, kann es aber nicht loswerden. Hahaha! Das Lachen vermischt sich mit dem Dampfen des Zuges, dem Geräusch der Räder auf den Gleisen, dem Pfeifen der Lok. Die mechanischen Geräusche werden deutlicher, lauter – und plötzlich wachte sie schweißgebadet auf.

Der neue Tag hatte begonnen. Vor der Ruine hatten Bauarbeiter begonnen, die Straße aufzureißen. Anja stand auf, sie fühlte sich wie gerädert. Sorgfältig legte sie die Decke zusammen und machte sich auf den Weg zum verabredeten Treffpunkt mit Philipp.

Eine Falle

»Verdammt, wieso geht der nicht endlich einkaufen, oder zur Arbeit, oder was weiß ich wohin? Was macht der nur so lange zu Hause?«

Fast den ganzen Tag haben Anja und Philipp vor der Wohnung eines gewissen Paul Werner verbracht. Paul Werner war der Mann, von dem Anja im Supermarkt gehört hatte und dessen Adresse sie vorgestern ausspioniert hatte. Paul Werner hatte eine Menge Schulden gehabt. Auf einmal war er verschwunden gewesen, tauchte aber nach einigen Wochen wieder auf und bezahlte alle Schulden, ohne einer erkennbaren Arbeit nachzugehen. Das war für sich genommen noch nicht atemberaubend ungewöhnlich. Aber kurz nach seinem Erscheinen war der Sonntag verschwunden. Kurz nachdem Anja von diesem Mann im Supermarkt gehört hatte, wäre sie fast von einer auffällig gekleideten Frau in einem schwarzen Mantel über den Haufen gerannt worden. Möglicherweise war das alles nur falscher Alarm. Aber es war die einzige nennenswerte Spur, die sie verfolgen konnten. Vielleicht bewegten sie sich in einer Sackgasse. Aber sie hatte das Gefühl, dass sie und Philipp eine heiße Spur verfolgten.

Also hatten sich Anja und Philipp vor dem Haus postiert, in dem Paul Werner wohnte. Sie warteten, dass er seine Wohnung verlassen würde. Sie standen schon seit den frühen Morgenstunden da, und jetzt war es bereits später Nachmittag. Ihre Freunde waren an diesem Tag zur Schule gegangen. Schließlich durften sie nicht auffallen, um ihren Plan nicht zu gefährden.

Paul Werner war immer noch in seiner Wohnung.

»Wenn jetzt nicht bald etwas passiert, schnappe ich noch über.« Philipp hatte in den vergangenen Stunden viel von Daniel erzählt. Er hoffte, dass es in Paul Werners Wohnung einen Hinweis über den Verbleib seines besten Freundes gab. »Komm, wir gehen einfach hin, klingeln, und fragen ihn, ob er Daniel kennt.«

»Spinnst du? Was soll er denn darauf antworten? Meinst du, er wird zugeben, dass er Daniel entführt hat? Der bekommt doch Gefängnis dafür. Du hast Vorstellungen! Ich weiß, dass er ... Schau, das Licht im Wohnzimmer geht aus. Pass auf, da passiert was. Hast du den Schlüssel?«

»Welchen Schlüssel?«

»Na, den ich bei meinem Vater geklaut habe. Womit man überall reinkommt.«

»Ach, den Draht. Ja, hier. Du, Vorsicht. Das ist er bestimmt. Komm, lass uns rübergehen.«

»Moment, lass ihn erst um die Ecke verschwinden. Du, Philipp?«

»Mmmh?«

»Ich habe Schiss!«

»Klar, ich auch. Aber es hilft nichts. Wir müssen Daniel finden. Ich glaube, die Polizei schafft das nicht.«

»Los komm, jetzt ist er weg.«

Die beiden huschten in den Hauseingang, orientierten sich an den Namensschildern im Treppenhaus und fanden Paul Werners Namen; er wohnte im dritten Stock. Sie eilten nach oben und machten sich an der Tür zu schaffen. Das Licht im Treppenhaus machten sie vorsichtshalber erst gar nicht an. Aber das Schaben am Schloss hallte durch das ganze Haus. Sie hatten Angst, dass die Nachbarn sie bemerkten. Doch nichts passierte. Alles blieb ruhig. Die beiden beeilten sich, denn Paul Werner konnte jeden Augenblick wiederkommen. Da sprang das Schloss auf. Sie schlüpften in die Wohnung, verschlossen die Tür von innen und durchsuchten die Zimmer.

Mittlerweile war es dunkel geworden. Es war gut, dass Philipp daran gedacht hatte, eine Taschenlampe mitzunehmen.« Ein richtiger Einbrecher hat immer eine Taschenlampe dabei«, meinte er noch. Sie begannen ihre Suche in der Küche. Da stand noch das ganze Geschirr auf der Spüle.

»Wieso hat er das nicht alles schon in die Spülmaschine geräumt?« Anja dachte immer praktisch. Sie konnte Unordnung nicht leiden. Auch in ihrem Zimmer war es immer sehr ordentlich, sogar noch ordentlicher als im Wohnzimmer ihrer Eltern. »Das ist doch egal. Siehst du etwas, was von Interesse für uns sein könnte?«

»Wonach suchen wir eigentlich?« Das war eine gute Frage. Vielleicht nach einem Brief, auf dem steht: ›Mein Name ist Paul Werner. Ich habe Daniel entführt und halte ihn gefangen. Außerdem habe ich noch den Sonntag geklaut, damit alle Menschen jeden Tag arbeiten müssen. So kann ich meine Schulden bezahlen.‹

So einfach war die Sache nicht. Sie mussten aufmerksam schauen, alles beachten und bewerten, ob es wichtig sein könnte. Dazu mussten sie sich auch noch beeilen. Sie schlichen von der Küche durch den Flur in das Wohnzimmer. Hier sah es wirklich schlimm aus. Ein großer Schrank stand fast mitten im Raum, er war voll mit dreckiger Wäsche; eine Schranktür stand offen und einzelne Wäschestücke hingen aus den Schubladen. Die beiden Freunde arbeiteten sich langsam vor, schoben Zeitungen zur Seite, durchwühlten die Wäsche, blätterten Bücher durch. Philipp schaute sogar ins Fernsehprogramm. Aber sie konnten nichts entdecken.

»Meinst du, wir sind auf der richtigen Spur?«

»Woher soll ich das denn wissen? Haben wir eine andere? Außerdem stimmt hier etwas nicht. Ich spüre das.«

»Mädchen! Ihr habt immer so ein Gefühl.« »Ja, und mein Gefühl sagt mir . . . «

»Still! Ich höre was.«

Tatsächlich. Die Haustür wurde aufgeschlossen. Es waren Stimmen zu hören. Das Licht im Flur ging an. Paul Werner war zurückgekommen. Und er war nicht alleine. Ein anderer Mann begleitete ihn.

Philipp riss Anja am Ärmel in den Schrank, unter die dreckige Wäsche. Es stank bestialisch, aber das war immer noch besser, als den beiden Männern in die Hände zu fallen. Anjas Herz klopfte bis zum Hals. Sie hatte das Gefühl als schien das Monster sie aus der Ecke anzugrinsen. Sie steckte ihren Kopf tief unter die unappetitlichen Hemden und Unterhosen.

»Und wo ist er jetzt?« Die beiden Männer betraten das Wohnzimmer. Das Licht wurde angemacht. Sie hatten die beiden Kinder nicht bemerkt.

»Weit weg. Weit in der Vergangenheit. Da soll er bleiben und glücklich werden. Ist doch spannend für so einen Jungen. Da kann er mit dem Volk durch die Wüste ziehen. Und vielleicht erlebt er noch den Einzug in das Gelobte Land.« »Du bist verrückt. Ihr habt ihn in die Vergangenheit katapultiert?«

»Genau. Er war zu neugierig und wusste schon zuviel.«

»Und was meint der Chef dazu?«

»Es ist ihm gleichgültig. Er hat nur Interesse an der Scherbe.«

Ein Stuhl wurde gerückt; etwas fiel laut zu Boden. »Wann musst du wieder hin?«

»Ich reise morgen. Die Maschine hat einen Defekt. Irgendetwas stimmt nicht mit der Feinabstimmung. Und wenn es damit Probleme gibt, lande ich irgendwo und finde nicht mehr zurück. Stell dir das mal vor! Schließlich habe ich keine Lust, in einer anderen Zeit zu leben. Aber bis morgen ist der Schaden behoben. Dann werde ich dem Chef die Scherbe besorgen und dann ist endgültig Schluss mit dem Sonntag.«

»Und du bist ein gemachter Mann.«

»Was heißt hier gemacht? Ich habe dann keine Probleme mehr. Für mich wird dann jeder Tag wie ein Sonntag sein.«

»Wieso will er eigentlich nur diese eine Scherbe haben? Wieso nimmt er nicht gleich alle Scherben, dann gäbe es überhaupt keine Gebote mehr?«

»Weiß ich nicht. Du kannst Fragen stellen. Er will nur dieses eine Gebot auslöschen und mehr nicht. Ich besorg's ihm und frage nicht nach dem Warum. Basta.«

In ihrem Versteck unter all den muffigen Kleidern kitzelte Anja die Nase. Sie hielt sie sich schon eine ganze Weile zu, um sich nicht durch Niesen zu verraten. Philipp atmete schwer. Besonders, als die Männer von Daniel sprachen, wurde er unruhig. Am liebsten wäre er aus dem Schrank gesprungen und hätte sich auf die beiden Banditen gestürzt. Aber das wäre wohl ein aussichtsloser Kampf gewesen.

Die beiden Männer gingen durch das Zimmer; Gläser klirrten, zwei Flaschen wurden geöffnet. Sie unterhielten sich noch immer. Aber jetzt waren sie schlechter zu verstehen, vielleicht waren sie in das Nebenzimmer gegangen. Anja musste niesen, sie konnte sich nicht mehr beherrschen. Philipp erschrak. Die beiden Männer rannten in den Raum und zerrten die beiden Kinder aus dem Schrank hervor.

Anja biss, trat und boxte. Philipp versuchte, sich loszureißen. Doch die Männer waren stärker. Sie schüttelten Anja und Philipp kräftig und warfen sie auf das Sofa.

»Ihr habt Daniel entführt und den Sonntag geklaut. Ihr wart das. Wo ist Daniel? Und wo ist der Sonntag?« Philipp machte sich Luft, indem er alles herausschrie.

»Was habt ihr gehört? Wie lange seid ihr schon hier? Wie seid ihr überhaupt hereingekommen?« Auch Paul Werner war nervös. Erst kam ihm Daniel in die Quere und jetzt waren da schon wieder zwei Kinder, die drohten, seinen Plan zu durchkreuzen. Er musste etwas unternehmen, er wusste aber noch nicht, was er machen sollte.

»Was habt ihr euch eigentlich gedacht? Ihr könnt doch nicht einfach in fremde Wohnungen eindringen! Hermann, wir müssen die beiden verschwinden lassen.«

»Du bist wohl verrückt! Wir können nicht andauernd Kinder verschwinden lassen. Da ist im Handumdrehen die ganze Polizei hinter uns her.«

»Hast du etwa einen besseren Plan? Ich muss morgen weg, da nehme ich die beiden einfach mit. Hahaha. Zu ihrem Freund, damit der nicht so alleine ist.«

»Wo ist Daniel?« Philipp richtete sich auf. Er hatte große Angst. Irgendetwas musste geschehen. Sie saßen in der Falle. Philipp wollte sich diesem schrecklichen Mann nicht so einfach ausliefern. Wenn er sich doch nur mit Anja beraten könnte, was sie tun sollten. Aber das ging natürlich nicht. Vielleicht hatte sie wieder so ein Gefühl, vielleicht fühlte sie, wie sie dieser brenzligen Situation entfliehen könnten.

»Hermann, in der Ecke muss noch ein Strick liegen. Wir werden die beiden jetzt fesseln, damit wir in aller Ruhe eine Mütze voll Schlaf nehmen können. Und morgen transportieren wir sie dann zur Zeitmaschine. Mit dem Auto ist das kein Problem. Ich will mich damit jetzt nicht länger beschäftigen. Ich bin müde und habe einen anstrengenden Tag hinter mir. Also los, hol den Strick, damit es endlich Ruhe gibt. Ich hole ein Heftpflaster, sonst quatscht uns die Kleine die ganze Nacht voll.«

Der Mann, der Hermann hieß, ging in eine Ecke und kramte unter einem Stapel Zeitungen nach dem Strick. Paul Werner ging zum Schrank und durchstöberte einige Schubladen. Er ließ die Kinder nicht aus den Augen. Philipp war den Tränen nahe. Er wusste nicht, wie sie Daniel jemals befreien könnten. Anja rührte sich nicht. Aber ihre Augen waren in Bewegung. Sie versuchte, sich das Zimmer und den Flur, soweit sie ihn sehen konnte, genau einzuprägen. Irgendwann hatte sie einmal in einem Abenteuerbuch gelesen, dass man das in brenzligen Situationen machen musste. Und ganz ohne Zweifel – Philipp und sie befanden sich in einer brenzligen Situation. Anja konnte sich nicht erinnern, irgendwann einmal eine ähnlich gefährliche Situation erlebt zu haben. Und sie hatte schon viel erlebt. Aber das hier? Das war das Ausweglosesete, was man sich vorstellen konnte.

Hermann war wütend: »Verdammt, hier ist es vielleicht dreckig. Aber von einem Strick ist weit und breit nichts zu sehen!« Er ging noch einige Schritte weiter und war jetzt hinter einem Karton verschwunden. Nur sein Fluchen war noch zu hören.

Paul Werner schlug enttäuscht eine Schranktür zu. Auch er hatte nichts gefunden, womit man die beiden Kinder gut und sicher knebeln konnte. Er drehte sich um. Wahrscheinlich wollte er noch einmal unter der Kommode suchen. Dabei ließ er die Kinder für einen Moment aus den Augen.

Anja bemerkte das sofort. Aber sie sah keine Möglichkeit, einen Nutzen aus dem unbeobachteten Moment zu ziehen. Philipp schluchzte. Er kämpfte immer noch verzweifelt gegen die Tränen, die in ihm aufsteigen wollten. Plötzlich ging das Licht aus. Einfach so, von einem Augenblick zum nächsten. Es herrschte völlige Dunkelheit. Nicht nur im Wohnzimmer war das Licht erloschen, nein, auch im Flur, im Nachbarzimmer, einfach überall. Es war so dunkel, dass man nicht die Hand vor Augen sehen konnte.

Anja reagierte am schnellsten. Kaum wurde es dunkel, war sie aufgesprungen, schnappte nach Philipps Hand, riss ihn aus dem Sofa und führte ihn lautlos und schnell Richtung Zimmertür.

Hinter ihnen hörten sie die Rufe der beiden Männer. Es polterte und klang so, als ob Hermann beim Versuch, schnell zu reagieren, über den Karton gefallen war. Dann hörte Anja einen Schlag und nahm an, dass Paul Werner die Orientierung verloren hatte und sich den Kopf heftig am Schrank stieß.

Ein bisschen schadenfroh lachte sie leise in sich hinein. Aber sie durften keine Zeit verlieren. Noch waren sie nicht in Sicherheit. Sie hatten einen kleinen Vorsprung, aber den konnten sie auch schnell wieder verspielen, wenn sie den Weg zur Eingangstür nicht geräuschlos und sicher fänden.

Hinter ihnen versuchten die Männer, durch Rufen und Herumtappen das Sofa zu finden.

»Sie sind weg«, rief plötzlich Paul Werner. Offensichtlich hatte er bereits das Sofa erreicht. »Jetzt bloß keinen Fehler machen«, dachte Anja. Nur gut, dass Philipp sich ihr völlig anvertraute und sich vorbehaltlos von ihr führen ließ. »Wo seid ihr?«, rief Hermann, »bleibt stehen, ihr habt sowieso keine Chance, hier wieder rauszukommen.«

Anja und Philipp hatten den Flur erreicht. Jetzt war auch Anja mit ihren Ortskenntnissen am Ende. Vorhin hatte sie sich alles eingeprägt, das war ihr bisher zur Hilfe gekommen. Aber im Flur kannte sie sich nun nicht mehr aus. Oder doch?

»Sie sind im Flur. Verdammt, du Trottel. Mach doch mal Licht!« Paul Werner war schrecklich wütend.

»Sag mal, hast du es noch nicht bemerkt: das Licht ist ausgefallen. Vielleicht hat's die Sicherung gesprengt, was weiß ich. Beeil dich lieber, bevor die beiden an der Haustür sind.«

Anja hatte das Gefühl, als ob Hermann dicht hinter ihnen wäre. Sie glaubte, seinen heißen Atem in ihrem Genick zu spüren. Und dieses Gefühl weckte Erinnerungen an ihre Träume – sehr unangenehme Erinnerungen.

Sie hielt Philipp an der Hand. Jetzt rannten sie den fast endlos langen Flur hinunter. »Achtung, da steht ein Schrank.« Philipp konnte sich erinnern, beim Betreten der Wohnung auf der rechten Seite einen Schrank gesehen zu haben. Die beiden Kinder drückten sich dicht an die linke Wand und liefen weiter.

»Bleibt stehen! Wenn wir euch erwischen, machen wir Hackfleisch aus euch. Bleibt stehen.« Die beiden Männer hatten die Zimmertür gefunden und waren jetzt gleichfalls auf dem Flur.

Anja und Philipp beschleunigten ihren Lauf. Plötzlich war es, als hätte ihnen jemand mit einem Brett vor den Kopf gehauen. Anja schrie auf und fiel zu Boden. Philipp torkelte, ließ aber Anjas Hand nicht los. Er hatte rechts und links verwechselt. Natürlich, als sie die Wohnung betraten, war der Schrank auf der rechten Seite. Aber jetzt, als sie den Flur in umgekehrter Richtung hinunterliefen, stand der Schrank logischerweise auf ihrer linken Seite.

Er riss Anja wieder hoch. Sie war leicht benommen, stand aber schon wieder auf zwei Beinen. Der Vorsprung vor ihren Verfolgern schmolz. Der heiße Atem brannte in Anjas Genick. Wie gerne würde sie sich jetzt hinlegen und ausruhen, nur ausruhen. Mit letzter Kraft ging sie zwei, drei Schritte und hielt sich dabei dicht an Philipp, der jetzt die Führung übernommen hatte.

»Ha«, triumphierte Hermann, »sie haben sich die Köpfe angehauen. Achtung, da vorne ist ein Schrank. Paule, los, gleich haben wir sie.«

Philipp zog die benommene Anja hinter sich her. Er konnte sich jetzt wieder gut daran erinnern, wie es in diesem Flur aussah. Noch wenige Meter von ihnen entfernt würde ein Stuhl stehen. Er konnte sich daran erinnern, weil er sich wunderte, warum dieser Stuhl einfach mitten im Flur stand. Hoffentlich hatten ihn die beiden Männer nicht umgestellt, als sie vorhin nach Hause kamen.

Richtig, da war er. Sicher würden sich auch Paul Werner und sein dämlicher Freund an diesen Stuhl erinnern. Leise stellte Philipp ihn dicht an die Wand. Jetzt konnte er nur noch hoffen, daß die beiden versuchen würden, auf dieser Seite des Flures den Stuhl zu umgehen. Schnell zog er Anja weiter.

»Achtung, Kumpel, gleich kommt mein Hindernislauf. Hier steht der Schrank und drei Schritte weiter habe ich den Stuhl hingestellt. Die beiden sind dicht vor uns. Ich kann aber nichts hören.« Paul Werner klang richtig höhnisch, als er Anja und Philipp hinterherrief: »Den Stuhl habt ihr wohl noch nicht erreicht, ihr Angsthasen?« Paul Werner beschleunigte in der sicheren Gewissheit, die Gefahren in seinem Flur zu kennen.

Anja lief fast besinnungslos hinter Philipp her, der sie nicht losließ und sicher führte. In ihren Gedanken wurde das Monster ihrer Träume lebendig. Es hechelte hinter ihr her, der heiße Atem versengte ihre Haare, immer wieder grapschte es nach ihr. Verzweifelt rannte sie hinter Philipp Richtung Haustür.

Plötzlich hörten sie hinter sich einen Schlag und laute Schreie. Paul Werner und Hermann waren auf Philipps Trick hereingefallen und über den Stuhl gestolpert.

»Los, komm, wir haben es gleich geschafft«, flüsterte Philipp und schob Anja zur rettenden Haustür. Da, endlich, die Türklinke! Plötzlich durchfuhr es Anja wie ein Schock: Was, wenn Paul Werner die Tür vorhin abgeschlossen hatte und sie nicht mehr fliehen konnten? Was würde aus ihnen werden? Das Monster würde sie endgültig, und diesmal in Wirklichkeit, überwältigen. Verzweifelt und in Schweiß gebadet riss sie an der Klinke. Verschlossen! Die Tür öffnete sich nicht. Da legte sich eine Hand auf die ihre. Sie erschrak. Die fremde Hand hielt ihre Hand fest und drückte fest auf die Klinke. Anja war völlig verstört. Was war das?

Plötzlich öffnete sich die Haustür. Philipp hatte instinktiv gespürt, dass Anja nicht in der Lage war, die Tür zu öffnen und half mit seiner freien Hand nach. Die beiden drückten sich in das Treppenhaus und schlugen die Tür hinter sich zu. Anja fühlte für einen Moment so etwas wie Erleichterung. Noch einmal war sie dem Monster entkommen. Gerade noch geschafft!

Die beiden Männer würden sicher nicht wagen, sie jetzt noch zu verfolgen, denn im Treppenhaus konnten jeden Moment andere Leute auftauchen.

Philipp und Anja stürmten die Treppen hinab und rannten Hand in Hand auf die belebte Einkaufsstrasse. Aber auch hier verlangsamten sie ihr Tempo nicht. Nur weg. So schnell und so weit wie möglich.

Da hörten sie hinter sich ein Rufen. Die Stimme kam ihnen bekannt vor. Im Laufen drehte Anja sich um. »Hey, wartet auf mich!« Es war Lucie!

Abrupt blieben die beiden stehen und warteten auf ihre Freundin. Dann fielen sie sich gegenseitig um den Hals. Das war überstanden. Anja zitterten immer noch die Beine. Philipp war schweißüberströmt vor Anstrengung und Anspannung. Aber sie strahlten. Sie waren den beiden Männern nicht nur entkommen, sondern wussten auch, wo sie Daniel zu suchen hatten.

»Ich glaube, ich habe mir eine Cola verdient«, meinte Lucie. »Wenn ich nicht gewesen wäre, hätte es sicher ein böses Ende mit euch gefunden.« Sie lächelte pfiffig.

Philipp zog erstaunt die Augenbrauen nach oben: »Du? Was hast du denn mit der Sache zu tun?«

»Was glaubst du denn, warum das Licht überall ausgegangen ist? Glaubst du denn noch an Wunder?« Lucie war fast empört. Aber nur fast. Sie genoss ihren Triumph, das war deutlich zu spüren, auch wenn Anja und Philipp noch nicht wussten, was vorgefallen war.

»Naja, das Licht ist ausgegangen. Ist doch egal«, meinte Anja. »Jedenfalls haben wir eine ganz schön aufregende Sache hinter uns.«

»Also ich glaube nicht an Wunder«, meinte Lucie schnippisch. »Ich vertraue lieber der Technik. Und ohne Hauptsicherung ...«

Philipp blieb der Mund offen stehen. »Du meinst, du hast die Hauptsicherung herausgedreht?«

»Ganz genau, du Techniker. Ich dachte mir, das könne nicht schaden.« Lucie platzte fast vor Stolz.

Anja wurde nachdenklich: »Aber wie kam es, daß du die Sicherung genau im richtigen Moment herausgedreht hast?«

Jetzt war Lucie sprachlos. »Ich weiß nicht. War es denn der richtige Moment?«

Philipp nickte bedächtig: »Er hätte gar nicht besser sein können.«

Lucie blickte zu Boden. »Also vielleicht doch ein kleines Wunder!«

Jetzt lachten Philipp und Anja. »Ist ja auch egal«, meinte Anja. »Ohne deine Hilfe hätten Wunder auch keine Chance gehabt und ich finde, wir haben uns jetzt alle drei eine Cola verdient. Kommt, ich gebe eine Runde aus.«

Das ließen sich die beiden anderen natürlich nicht zweimal sagen, denn bevor sie die anderen zusammentrommeln würden, um sich an der Zeitmaschine zu treffen, wollten sie sich erst noch einmal stärken. Und außerdem mussten Philipp und Anja ihrer Freundin auch noch einmal haarklein erzählen, was in der fremden Wohnung passiert war.

Die Zeitmaschine

»Muss das denn sein? Es ist doch gar nicht sicher, ob Daniel auch dort ist.« »Hast du etwas anderes gehört, Sarah? Ich war vorhin noch einmal bei seinen Eltern. Die sind völlig aufgelöst. Die Polizei hat immer noch keine Spur von ihm und jetzt machen sie sich natürlich Sorgen. Nein, ich bin mir sicher, dass er dort ist – und wir werden ihn finden. Außerdem habe ich gerade vor einigen Tagen die Maschine überprüft. Sie funktioniert wieder. Ich glaube, wir können es wagen.« Jonas war ein handwerkliches Genie. Die Zeitmaschine, die er vor einiger Zeit gebastelt hatte, stand als Seifenkiste getarnt in der Garage seines Vaters. Er hatte damit sogar schon einmal ein Seifenrennen mitgemacht, damals, als er Patrizia, einem Mädchen aus der Parallelklasse, imponieren wollte. Aber sie beachtete ihn und seine tolle Kiste nicht einmal. Und so entging ihr auch sein Sturz. Es war blamabel. Ein Reifen hatte sich herausgedreht und überholte ihn. Jonas konnte die Kiste gerade noch abfangen, bevor sie größeren Schaden erlitt.

Mit der Zeitmaschine waren sie schon bei Martin Luther gewesen. Damals ging es um die Geschichte mit dem Tintenfass. Und zuletzt waren sie auf Paulus' Spuren sogar noch weiter in die Vergangenheit gereist. Das war natürlich noch riskanter. Der Zeitmechanismus spielte manchmal verrückt, und wenn man nicht mehr wusste, in welcher Zeit man sich befand, wurde es schwierig, nach Hause zu kommen, denn man musste den Abstand zur Zeit, in die man jeweils reisen wollte, angeben. Und einmal wären sie fast in der falschen Zeit gelandet.

Sarah konnte sich noch gut daran erinnern. Diese Maschine war ihr unheimlich. Sie traute ihr nicht. In den Wochen, bevor der Sonntag fehlte, hatte sie sich beharrlich geweigert einzusteigen, um einen Ausflug zu unternehmen. Jonas und Daniel machten das häufig. Die beiden wollten wissen, wie die Menschen in den früheren Jahren gelebt haben. Und so unternahmen sie Ausflüge in die Zeit wie ihre Klassenkameraden und Freunde Ausflüge mit dem Fahrrad. Aber bei einer der letzten Touren ging tatsächlich die Steuerung kaputt. Die Maschine ließ sich nicht mehr in die richtige Zeit manövrieren. Sie kam eigentlich nicht mehr von der Stelle. Jonas tüftelte Tag und Nacht daran, um sie wieder fit zu bekommen. Dabei musste er sehr vorsichtig sein, damit sein Bruder und sein Vater nichts mitbekamen.

»Das ist ja alles schön und gut. Aber in welche Zeit sollen wir denn überhaupt reisen?« Anja war den Tränen nah. Sie war dem Ungeheuer wieder einmal knapp entwischt. Doch diesmal war es kein Traum gewesen – es war Wirklichkeit.

»Ganz langsam. Wir wissen doch schon eine ganze Menge. Daniel ist in einer anderen Zeit, wie die beiden Männer gesagt haben. Ich habe gehört, dass er mit den Menschen dort glücklich werden kann und in ein Land fahren kann, in dem sie alle gelobt werden. Außerdem versucht der Paul Werner, eine Scherbe zu besorgen, auf der ein Gebot steht. Fällt euch dazu nichts ein?«

Die anderen schauten Philipp entgeistert an. »Du meinst, das hat was ...« »... mit den 10 Geboten ...« »... zu tun?« Sie waren fassungslos und redeten wild durcheinander. Zwar war es für sie nichts Ungewöhnliches, Abenteuer in fremden und fernen Zeiten zu bestehen. Aber bisher hatten sie noch nie vor dem Problem gestanden, dass etwas in der Vergangenheit angestellt wurde und sie es in der heutigen Zeit, 1999, ausbaden mussten. Und wenn der Diebstahl des Sonntags in der Vergangenheit stattgefunden hatte, dann konnten sie das Verbrechen auch nur in dieser Zeit lösen. Das war klar.

»Und wie sollen wir das anstellen?« Lucie war ratlos. Sie schaute achselzuckend in die Runde. Wenn nur Daniel hier wäre. Er hätte bestimmt gewusst, was zu tun war. Aber so?

»Wir haben doch etwas über die zehn Gebote gelesen. Da gab's doch auch Scherben, erinnert ihr euch? Moses war auf dem Berg Sinai und ...«

»Sinai? Natürlich! Sinai. Wir müssen dort hin! Ich fand einen Zettel von Daniel; ich hab's euch nur noch nicht erzählt. Da, da steht:

das dritte Gebot fehlt
Moses ist ungeschickt
die Sonntagsräuber sind unterwegs
muss zum S

Versteht ihr? Daniel muss irgendetwas herausgefunden haben. Mensch, ich habe in der ganzen Hektik diesen Zettel völlig vergessen. Erst war da mein Traum mit dem Ungeheuer, als ich in der alten Ruine übernachtete, dann die Sache in der Wohnung und jetzt all das hier. S – das heißt Sinai. Moses ist ungeschickt. Er hat die beiden Tafeln fallen lassen ...«

»Er hat sie auf den Boden geschmissen, weil er wütend war. Das ist etwas anderes.«

»Ach, Jonas, hör doch auf. Es spielt doch keine Rolle, weshalb die Tafeln kaputtgingen. Jedenfalls nicht für uns. Sie sind kaputt, und die einzelnen Scherben sind zerstreut. Und irgendwie fehlt jetzt das dritte Gebot. Das haben wir doch auch schon herausgefunden: Das ist das Gebot, in dem es heißt, dass man den Feiertag heiligen soll. Und genau diese Scherbe sucht jetzt auch Paul Werner. Ich glaube, diese Scherbe ist irgendwohin gefallen, und seitdem haben wir keinen Sonntag mehr. Und jetzt muss Paul Werner diese Scherbe finden und seinem Chef übergeben. Und ich weiß auch, wer dieser Chef ist. Ich habe ihn gesehen.«

»Anja, mach dich nicht so verrückt. Du bist ja total von der Rolle. Du hast schlechte Träume, na und? Das haben wir alle mal.«

»Nein, nicht solche. Das Monster hat zu mir gesprochen. Ich bin ihm diesmal nur sehr knapp entkommen. Es war wie im richtigen Leben, vorhin in der Wohnung von Paul Werner. Nein, das ist kein Traum, das ist die Wirklichkeit. Und die hat was mit uns zu tun. Es will uns beherrschen. Das Monster ist der Chef.«

Ihre Freunde hatten zwar schon viel erlebt, aber mit einem Monster, das nur in Träumen und Fantasien existierte, haben sie noch nie zu tun gehabt.

»Und was ist mit den schwarzen Mänteln, den Anhängern, auf denen eine ›Sechs‹ zu sehen ist, dem plötzlichen Reichtum von Paul Werner und anderen?«

»Keine Ahnung, woher soll ich das wissen? Daniel weiß sicherlich mehr. Deshalb wurde er entführt. Die müssen ihn noch nicht einmal umbringen. Sie lassen ihn einfach in der Vergangenheit, da kann er nichts mehr anstellen. Schlauer Plan.«

»Aber sie wissen nicht, dass auch wir in die Vergangenheit reisen können.«

»Nein, das wissen sie sicher nicht.«

»Also gut, Freunde, ich glaube, jetzt ist alles klar. Wir müssen zu Moses, um Daniel und den Sonntag zu befreien.«

»Sarah, was ist mit dir? Kommst du mit?«

Sarah schaute verlegen zu Boden. Man sah ihr an, dass sie mit sich kämpfte. Sie wollte die Freunde nicht alleine lassen; sie hatte aber auch große Angst vor den Reisen in die Vergangenheit. Dann schaute sie auf und sah jeden einzeln an. Als sie in die flehenden Augen Philipps sah, nickte sie.

Alle schrien durcheinander, waren aufgeregt, freuten sich. Sie verabredeten sich für die Nacht vor der Garage von Jonas' Vater. Dann sollte es losgehen.

Die Jagd

Es war heiß, sehr heiß. Zu Hause war es selten so heiß. Außerdem war es hier in der Wüste furchtbar staubig und trocken. Anja hatte Durst; die Zunge klebte ihr am Gaumen, sie konnte sich kaum noch auf den Beinen halten. Auch Philipp stöhnte. Er war erschöpft, seine Beine fühlten sich in dieser Gluthitze an, als wären sie aus Blei.

Sie hatten beim Programmieren der Zeitmaschine vergessen, die genaue Uhrzeit einzustellen. Und so landeten sie dummerweise in der Mittagszeit.

Zuerst zogen sie die Maschine unter einen Felsen und verwischten die Spuren. Dann machten sie sich auf den Weg durch die Wüste, auf die Suche nach Daniel und nach einer kleinen Scherbe, die unter irgendeinem Felsen in dieser endlos weiten Wüste liegen sollte.

»Wie kann man nur so blöd sein, ohne eine Flasche Wasser in die Wüste zu reisen?«

»Jonas, hättest du uns nicht sagen können, dass es heiß war, als das Volk Gottes das Gelobte Land suchte?«

»Jetzt mach mir doch keinen Vorwurf. In den Büchern klingt das alles immer viel harmloser. Natürlich heißt es da, dass die Israeliten durch die Wüste gewandert sind, und ich weiß auch, dass sie auf der Suche nach Wasser waren und Moses anmeckerten, weil sie durstig waren. Er hat dann mit einem Stab gegen einen Felsen gehauen – und Wasser floss heraus. Aber erst jetzt kann ich verstehen, wie das ist, ohne Essen und Trinken hier zu sein, und jetzt kann ich mir auch besser vorstellen, weshalb die Israeliten, kaum wurden sie aus Ägypten herausgeführt, sich auch schon wieder zurücksehnten. Ihnen ging das hier schlichtweg auf die Nerven: zu viel Sonne, zu viel Staub, zu wenig Wasser.«

Philipp war plötzlich stehengeblieben. Er schaute in die Ferne, beobachtete etwas. »Hat eigentlich jemand an ein Fernglas gedacht?« Natürlich nicht. Sie hatten die Gegenwart verlassen, ohne an irgendetwas zu denken.

»Ich glaube, da hinten kommen viele Leute. Sie kommen direkt auf uns zu.«

»Toll, da können wir sie ja nach dem Weg fragen«, meinte Sarah.

»Bist du verrückt? Wir können doch nicht hier irgendwen fragen. Was glaubst du, was die mit uns machen, wenn sie sehen, wie wir angezogen sind.«

»Nicht nur das, ihr Schlaumeier. Spricht von euch irgendjemand hebräisch? Ich kann es nicht, und egal wer da kommt: Deutsch kann sicherlich keiner.«

»Aber ich kann ein bisschen Englisch. Es wird schon reichen, um nach dem Weg zu fragen.«

»Lucie, was glaubst du denn, wo wir sind? Das hier ist mindestens 3000 Jahre vor unserer Zeit. Hier sprechen die Menschen weder Deutsch noch Englisch. Wir können uns nicht unterhalten.«

»Ja, Jonas hat recht. Ich will hier wieder weg. Das macht mir alles Angst. Lasst uns schnell Daniel finden; der Sonntag ist mir egal. Wenn wir Daniel haben, hauen wir wieder ab.«

»Nicht so laut, Sarah. Da hinten kommt jemand. Ich weiß nicht, ich kann ihn nicht so gut erkennen. Aber er wirbelt ganz schön Staub auf. Scheint zu rennen.«

»Der rennt nicht. Der hat ein Motorrad.«

»Was? Aber das gab es doch noch nicht. Motorräder gibt es doch erst in 3000 Jahren.«

»Ich habe ein ungutes Gefühl. Lasst uns besser abhauen. Aber ganz schnell und ganz leise.«

Sie liefen in einer Reihe geduckt hintereinander her, versuchten, keinen Staub aufzuwirbeln und schafften es gerade noch unter einen Felsvorsprung, als Paul Werner auf einem Motorrad an ihnen vorbeiraste. Er hatte sie nicht bemerkt. Aber er schien ein Ziel zu haben, denn sein Blick war stur geradeaus gerichtet.

Die fünf Freunde schauten ihm nach. »Den dürfen wir nicht verlieren. Wir müssen uns beeilen.«

»Kannst du uns sagen, wie wir den verfolgen sollen?«

»Er wirbelt so viel Staub auf, den können wir noch etliche Kilometer weit sehen. Wir dürfen keine Zeit verlieren.«

Sie liefen, so schnell sie konnten. Aber plötzlich stellten sie fest, dass sich die Staubwolke nicht mehr bewegte. »Er hat angehalten. Er hat gefunden, was er suchte. Kommt, beeilt euch, das ist nicht weit. Wir müssen dort sein, bevor die Sonne untergeht.«

»Die geht noch lange nicht unter. Und wenn sie untergeht, bin ich so müde, dass ich bestimmt nicht mehr weitergehe.« Sarah schaute auf ihre schweren Beine.

»Nicht müde werden, Sarah. Es ist bald überstanden.«

»Was ist bald überstanden?«

Die Freunde erschraken und drehten sich um. Paul Werner kam hinter einem Felshügel hervor. Er musste sein Motorrad abgestellt und sich von hinten angeschlichen haben. Anja fuhr der Schrecken in die Beine und sie fühlte sich plötzlich wieder ganz schwach. Ob sie sich zu früh gefreut hatten?

Paul Werner blickte die Freunde siegessicher und mit einem richtig fiesen Grinsen an. »Das ist aber nett, dass ihr freiwillig hierher gekommen seid. Das erspart mir wirklich sehr viel Arbeit.«

Er ging langsam auf die Kinder zu. Dabei legte er keine Eile oder Hast an den Tag. Warum auch? Hier in der Wüste würden ihm seine Widersacher kaum entwischen können. »Also, das war's dann wohl. Ihr werdet mir in Zukunft nicht mehr ins Handwerk pfuschen.« Jonas schaute Anja fragend an. Aber Anja reagierte nicht, sie war wie versteinert. Philipp ahnte das und machte einen kleinen Schritt auf seine Freundin zu.

»Und dieses Mal habt ihr die schlechteren Karten. Schade eigentlich, dass es in der Wüste keine Sicherung gibt, die man herausdrehen kann. Feiner Trick übrigens.« Paul Werner nickte anerkennend, aber es wirkte herablassend und nicht ernst gemeint. »Wer von euch kam denn auf die Idee?«

Lucie ging einen kleinen Schritt auf den Mann zu. Dabei berührte sie Anja, weil sie spürte, daß ihre schlimmen Träume drohten, wieder Besitz von ihr zu ergreifen. Sie musste sie aus ihrer Lethargie holen. »Ich war das, und es hat mir sogar sehr viel

Spaß gemacht, zu hören, wie Sie über Stühle und Tische gestolpert sind«, fratzte Lucie, um Paul Werner abzulenken.

»Ach, weißt du, du freches Luder, das ist doch Schnee von gestern. Ihr werdet für den Rest eures Lebens hier in der Wüste bleiben. Wenn ihr ganz brav seid, werde ich euch ein Mensch-ärgere-dich-nicht-Spiel hier lassen.« Der Mann stieß ein brüllendes Wiehern aus, das nur entfernt an ein Lachen erinnerte.

Lucie machte einen weiteren Schritt und stieß dabei Anja in die Seite. Jonas reagierte sofort und wollte in die entgegengesetzte Richtung laufen, aber der Versuch zu fliehen endete kläglich: Wie aus dem Erdboden gewachsen stand ein weiterer Mann vor ihnen und schnitt Jonas den Weg ab.

»Das ist Hermann!«, rief Anja, die plötzlich wieder zu sich gekommen war. Offensichtlich hatte der Stoß von Lucie sie wieder hellwach gemacht. Anjas Schrei war so schrill und markerschütternd, dass Hermann zusammenzuckte und für einen Moment unachtsam wurde. Das nutzte Philipp aus und täuschte eine Bewegung an, was Paul Werner völlig irritierte.

Jetzt ging alles sehr schnell. Sie rannten in verschiedene Richtungen, blieben aber beieinander. Die beiden Männer liefen Lucie und Sarah hinterher. Aber die anderen drei passten auf, rannten von der Seite auf die Männer zu, warfen mit Sand und verschwanden wieder. Paul Werner und Hermann rieben sich den Sand aus den Augen und versuchten jetzt, Philipp und Lucie zu erwischen. Doch schon waren die anderen wieder zur Stelle und warfen erneut mit Sand. Hermann verlor das Gleichgewicht und fiel hin. Lucie und Philipp konnten entkommen, aber Paul Werner hatte Anja am Arm festhalten können und hielt sie jetzt von hinten umfasst. Anja schrie, strampelte und schlug um sich. Dann biss sie ihren Widersacher in die Hand. Der ließ sie kurz los und Anja rannte davon. Philipp war in der Nähe und stieß den fluchenden Paul Werner von hinten um. Der fiel hin und schon war Jonas da und bewarf ihn mit Sand.

Die fünf Freunde konnten nicht weglaufen, sonst hätten die Männer sie sehr schnell eingefangen. Sie kämpften mit ihnen, ohne das verabredet zu haben. Jeder wusste, was zu tun war, und jeder achtete auf den anderen. Diese Taktik hatten sie im Spiel immer wieder geprobt, sie nannten sie »den Wirbelwind« So ging das eine ganze Weile hin und her. Dabei versuchten sie, immer näher an die Oase heranzukommen, die sie vorher schon gesehen hatten. Dort stand vermutlich das Motorrad der beiden Männer.

»Helft mir. Ich kann mich nicht ... Aah.« Jonas schrie flehentlich um Hilfe. Hermann verfolgte ihn, und Jonas beging den Fehler, wegzulaufen. Die Anderen kamen nicht so schnell hinterher. Jonas lief direkt auf die Oase zu. Er hatte noch einen Vorsprung, aber Hermann war ihm bereits dicht auf den Fersen. Die vier anderen Kinder liefen hinter Hermann her und Paul Werner wiederum hinter ihnen. Jonas verschwand in der Oase. Sie konnten ihn nicht mehr sehen. Dann war auch Hermann aus ihrem Blickfeld verschwunden. Anja rief nach Jonas, bekam aber keine Antwort. Paul Werner hatte die Kinder schon fast eingeholt, da rannte Philipp nach rechts und ließ den Mann an sich vorbeilaufen. Plötzlich scherte auch Sarah aus. Die beiden rannten von der Seite auf Paul Werner zu und bewarfen ihn mit Sand. Lucie und Anja machten schlagartig kehrt, rannten ebenfalls auf den Mann zu. Zu viert warfen sie ihn um, und Philipp warf ihm Sand ins Gesicht. Dann wandten sie sich wieder ab und liefen so schnell wie möglich Richtung Oase.

Von dort hörten sie ein Motorengeräusch und sie dachten, es wäre Hermann auf seinem Motorrad. Aber es war ein Jeep, der direkt auf sie zukam. »Schnell, ich kann nicht richtig schalten. Springt auf, kommt, wir müssen weg.« Es war Jonas. Irgendwie war es ihm gelungen, Hermanns Jeep in Gang zu setzen. Von Hermann fehlte jede Spur. »Ich glaube, er ist tot. Er ist mir ins Auto gesprungen, und ich habe ihn an der Seite erwischt. Ich glaube, ich habe ihn überfahren.«

Jonas war völlig außer sich. Aber er achtete auf den Weg und hatte das Fahrzeug unter Kontrolle. »Wir müssen in diese Richtung. Ich habe gerade gesehen, dass Paul Werner mit seinem Motorrad in diese Richtung geflohen ist. Dort muss etwas sein.«

»Schaut mal, dort drüben steht das Motorrad.« Anja deutete in eine Richtung. Aber niemand konnte etwas erkennen. »Wir müssen in diese Richtung fahren. Er wollte irgendwo hin. Wir müssen herausfinden, warum.«

Jonas steuerte den Jeep und wich so mancher Sanddüne aus. »Achtung, pass doch auf! Wir dürfen nicht steckenbleiben. Das wäre das Ende.«

»Da. Schaut doch. Da drüben. Ich kann eine Höhle erkennen. Schnell Jonas, fahr dort hin. Wir müssen nachschauen, was da ist.«

Jonas lenkte das Auto halbrechts zu der Höhle hin, die Anja entdeckt hatte. Direkt davor bremste er scharf ab. Lucie, Philipp und Anja sprangen heraus und waren sogleich im Halbdunkel verschwunden. Jonas blieb im Fahrzeug und versuchte, es wieder zu starten. In der Hektik hatte er den

Motor abgewürgt. Sarah blieb bei ihm und schaute ständig um sich. Sie wollte darauf achten, ob die beiden Männer sich wieder von irgendwoher näherten. Da hörten sie Schreie und Rufe aus der Höhle. Und in all dem Lärm erkannten sie auch Daniels Stimme.

Die drei kamen aus der Höhle. In ihrer Mitte war – Daniel. Er rieb sich die Handgelenke, blinzelte in die Sonne und blieb stehen. Gelassen schaute er sich um, sah Jonas, Sarah und den Jeep. Dann sprang er auf und rief: »Los, wir haben keine Zeit zu verlieren. Steigt ein. Ich zeige euch den Weg.«

Jonas gelang es, den Wagen wieder zu starten. Die anderen beeilten sich, einzusteigen. Dann gab Jonas Gas und ab ging es, quer durch die Wüste. Daniel zeigte Jonas den Weg – oder zumindest die Richtung, denn es gab ja keinen richtigen Weg. Überall war Wüste, überall waren Sand und Steine. Sie konnten nicht miteinander reden. Der Motor war zu laut und alles musste sehr schnell gehen.

»Achtung. Da hinten sehe ich eine Staubwolke. Das sind bestimmt die beiden Männer.« Tatsächlich. Sarah hatte richtig gesehen. Natürlich waren die beiden auf ihrem Motorrad schneller als Jonas im Jeep. Im Unterschied zu Jonas hatten sie ja auch einen Führerschein und jede Menge Fahrpraxis.

»Jonas, wir können nicht entkommen. Die sind schneller. Dort ist wieder eine Oase. Schnell, fahr dorthin. Vielleicht haben wir von hier aus eine Möglichkeit.« Sarah ließ die sich schnell nähernde Staubwolke nicht aus den Augen. Immer wieder gab sie den neuesten Zwischenstand an Jonas und Daniel durch. Offensichtlich kannte Daniel sich hier gut aus – zumindest schien die Wüste ihm recht vertraut.

Die Kinder erreichten die Oase, sprangen aus dem Jeep und verteilten sich zwischen den Palmen. Jonas rannte noch einmal zum Fahrzeug zurück, zog den Schlüssel aus dem Zündschloss und entfernte sich wieder. Gerade im richtigen Moment. Denn in diesem Augenblick kam das Motorrad angefahren. Es bremste und die beiden Männer stiegen ab, gingen zum Jeep und fingen an zu diskutieren.

»Wir müssen sie loswerden. Die werden uns nicht in Ruhe lassen und wir haben keine Chance, wenn sie uns immer weiter verfolgen. Irgendwann sind sie schneller als wir.« Jonas machte den anderen fünf ein Zeichen. Er zeigte auf den Felsen, der sich vor der Oase erhob. Dort war eine Höhle und davor lag ein Stein. Der Eingang war recht schmal. Es konnte immer nur einer hinein. Vielleicht war der Stein irgendwann einmal direkt vor dem Eingang gewesen, denn es sah so aus, als würde er diesen genau verschließen können.

Sie verstanden. Jetzt musste es ihnen nur noch gelingen, die beiden Männer in die Höhle zu locken. Aber das war schwer, denn keiner von ihnen konnte vorausgehen und den Lockvogel spielen. Es wäre zu gefährlich gewesen.

Die beiden Männer hatten sie noch nicht gesehen. Sie standen etwas ratlos am Jeep. Da hörten sie alle ein Geräusch aus der Höhle. Hermann und Paul Werner verständigten sich. Sie eilten zum Höhleneingang und lauschten. Paul Werner ging hinein. Hermann blieb direkt davor stehen. Jetzt galt es zu handeln.

Die sechs Freunde schlichen eilend zum Höhleneingang. Sie überraschten Hermann, und Lucie, Philipp und Jonas stießen ihn hinein. Die anderen drei rollten den Stein vor die Höhle. Die beiden Männer waren gefangen.

»Wir müssen den Stein sichern. Die beiden sind sehr stark. Helft mir. Dort drüben liegen Äste und noch mehr Steine. Sie dürfen hier nicht mehr rauskommen.«

Die Kinder rannten quer durch die Oase, sammelten Steine, Äste, alles, was sie kriegen konnten, und sicherten den Felsblock. Zwei blieben immer in der Nähe und hielten den großen Stein fest, damit die Ganoven nicht doch entkommen konnten. Dann endlich war es geschafft.

»So, das reicht. Die kommen da nicht mehr heraus. Schnell, in den Jeep. Wir müssen weiter. Es bleibt uns nicht mehr viel Zeit.«

Paul Werner und Hermann waren in der Höhle gefangen. Sie hatten den Ruf eines Tieres gehört und dachten, es wären die Freunde gewesen. Die brausten jetzt mit ihrem Jeep in die Richtung, die Daniel ihnen zeigte.

»Stopp! Mach den Motor aus. Wir dürfen hier kein Aufsehen erregen. Die Leute dort drüben würden das sicherlich nicht verstehen.«

Sie versteckten sich hinter einer Felsengruppe. Von dort aus sahen sie viele Menschen, die sich um einen Mann versammelt hatten, der etwas erhöht stand und aufgeregt mit seinen Armen in der Luft ruderte.

»Das ist Moses. Ich hatte ihn vor einigen Tagen schon gesehen. Paul Werner hat mich erst hierhergebracht. Dann aber war es ihm wohl doch zu unsicher und er sperrte mich in die Höhle, in der ihr mich gefunden habt. Moses ist jetzt wohl gerade wieder vom Berg heruntergekommen. Ich glaube, er hat die beiden Tafeln weggeworfen. Paul

Werner sagte, dass eine Scherbe davon unter einem Felsen liegt, und die muss er holen. Dann wird er stinkreich.«

»Ja, das hatten wir auch bereits herausgefunden. Auf dieser Scherbe steht, dass der Feiertag heilig ist. Diesen Fetzen müssen wir finden.«

Sarah schaute etwas verzweifelt in Richtung der Szene mit Moses auf der Anhöhe. »Aber wo mag diese Scherbe nur sein? Hier liegen doch so viele Steine.«

»Schau, die Kinder dort drüben sammeln die Scherben auf. Sie suchen alles zusammen und geben es dem Anführer zurück.«

»Mensch, ist der sauer.« Sie konnten erkennen, dass Moses noch etwas suchte. Er schaute unschlüssig umher. Sein Blick fiel auf eine Felsengruppe, aber er zuckte mit den Achseln und drehte sich langsam um. Anja schaute in die Richtung, in die Moses zuvor geblickt hatte. Dort lugte etwas hervor. Sie schlich sich dort hin und achtete darauf, dass sie ja nicht gesehen werden konnte. Sie fischte die fehlende Scherbe aus dem Felsspalt und drehte sich um. Daniel nickte ihr zu und zeigte auf Moses. Anja blieb geduckt und eilte hinter Moses her. Im Schatten einer Felsgruppe konnte sie ihn überholen. Dann legte sie ihm die Scherbe in den Weg und zog sich wieder zurück.

Das geschah alles sehr schnell, denn Moses hatte es eilig, auf den Berg zu kommen. Doch Anja hatte das geschickt eingefädelt. Moses sah die Scherbe, hob sie auf, betrachtete sie, schaute sich um, schüttelte den Kopf – und ging weiter.

Anjas Herz machte einen Luftsprung. Sie rannte zu ihren Freunden und gemeinsam schauten sie dem davonschreitenden Moses hinterher. Sie hatten gewonnen. Der Sonntag war gerettet. Jetzt mussten sie schnell zu ihrer Zeitmaschine zurück und wieder nach Hause. Keiner von ihnen zweifelte am Erfolg ihrer Unternehmung.

Unentdeckt erreichten sie den Jeep und rasten zur Zeitmaschine zurück.

War's das?

Anja öffnete die Augen und schaute sich um. Sie lag in ihrem Bett, die Sonne lachte freundlich ins Zimmer. Aus der Wohnung waren keine Geräusche zu hören. Alles war ruhig. Sie dachte nach. Irgendwie hatte sie das Gefühl, dass sich etwas verändert hatte. Sie hatte gut geschlafen. Sie konnte sich nicht mehr an ihre Träume erinnern. Aber das war ja auch manchmal ein gutes Zeichen. Sie hatten es also geschafft. Das war ein schweres Stück Arbeit gewesen.

Sie erinnerte sich: Sie hatten die Ankunftszeit auf den frühen Morgen jenes Sonntags gelegt, an dem alles begann.

»Da freue ich mich jetzt schon drauf: Endlich mal ausschlafen nach all der Aufregung. Lange hätte ich das nicht mehr ausgehalten.«

»Lucie, du warst schon immer eine Langschläferin. Ich brauche das nicht. Ich finde es schön, morgens aufzuwachen, meine Eltern in der Küche zu hören und dann gemütlich beisammen zu sitzen. Da ist es mir egal, wie spät es ist. Und außerdem hat man ja auch mehr vom Tag, wenn man früher aufsteht.«

»Dafür wirst du dann auch früher müde und musst wieder früh am Abend schlafen gehen.«

»Ich weiß nicht. Ich habe ein bisschen Angst, wenn ich euch so reden höre. Am liebsten würde ich sehr spät aufstehen und früh ins Bett gehen. Dann geht dieser verflixte Sonntag schneller rum. Müssen wir denn so früh ankommen? Können wir es nicht so machen, dass wir erst ganz spät in der Nacht ankommen? Dann merkt doch auch keiner, dass wir weg waren.«

»Sarah, das geht nicht. Dieser Sonntag hat gefehlt und wir müssen ihn nachholen. Aber ich verspreche dir: Gleich nach dem Aufstehen kommen wir bei euch vorbei und holen euch ab. Dann gehen wir ganz groß frühstücken. Du und deine Mama, mein Vater, Dirk und ich. Das wird toll, glaub mir. Wir machen das manchmal. Mein Vater kennt da so ein tolles Lokal. Die machen immer ganz leckere Mixgetränke. Komm. Mach nicht so ein Gesicht.«

»Mensch, Sarah. Jonas hat recht. Es kommt doch darauf an, dass man aus dem freien Tag was macht, etwas Schönes, etwas Gemeinsames. Der Sonntag soll doch anders sein als die anderen Tage in der Woche – und eigentlich soll er schöner sein, weil man da endlich mal Sachen machen kann, zu denen man sonst nicht kommt. Und da ist es doch toll, wenn Jonas mit seinem Vater bei euch vorbeikommt. Und wer weiß, vielleicht funkt's ja dann auch zwischen deiner Mutter und seinem Vater.«

»Ja, ja, ist ja gut. Hört auf.« Sarah lachte – und irgendwie strahlten ihre Augen. »Ja, ihr habt mich überzeugt. Jonas, ich freue mich wirklich, wenn ihr vorbeikommt. Aber ich glaube, wir müssen dann meine Mutter erst aus dem Tiefschlaf wecken.«

»Kein Problem. Wir haben sogar schon Tote zum Leben erweckt. Aber apropos Tote: Daniel, nun verrate uns doch einmal, wie war das denn? Wie haben sie dich gefangen genommen und vor allem, um was ging es hier denn eigentlich?«

Anja drehte sich bei dem Gedanken an dieses Gespräch noch einmal im Bett herum. Daniel hatte ihnen erzählt, dass er zufällig in der Nähe der Ruine ein Gespräch zwischen Paul Werner und einem Mann in einem langen dunklen Mantel belauscht hatte. Viel konnte er nicht verstehen. Aber es wurde nach einiger Zeit klar, dass eine andere Person, die sie immer nur »den Chef« nannten, die Feiertage abschaffen wollte. Den Grund kannten die beiden auch nicht. »Der Chef« wollte wohl, dass alle Menschen nur noch für die Arbeit lebten und sich nicht mehr um andere Dinge kümmern können. Vor allem sollten sie keine Zeit mehr haben, sich um sich selbst und ihre Freundschaften kümmern zu können. Angefangen hätte der ganze Blödsinn mit der Geschichte am Sinai. Aber da sei »der Chef« auf die Idee gekommen, das entsprechende Gebot aus den Tontafeln zu entfernen. Und Paul Werner hatte die Aufgabe, dies zu tun. Der erste Versuch war nicht ganz erfolgreich gewesen, denn sie konnten die Scherbe nicht in ihren Besitz bringen. Sie war unter eine Felsspalte gerutscht. Am übernächsten Tag sollte Paul Werner und dieser Mann wieder in den Sinai fahren, um die Angelegenheit ein für alle Mal aus der Welt zu schaffen. Als der Mann sich umdrehte, konnte Daniel an seinem Hals eine Kette erkennen – mit einem Anhänger, der die Zahl ›Sechs‹ zeigte.

Daraufhin hatte er sich schleunigst aus dem Staub gemacht und war in die Ruine gerannt. Aber er war zu unvorsichtig gewesen. Die beiden Männer hatten ihn entdeckt und ihn bis zu seinem Versteck verfolgt. Dort hatte er in aller Hast den Zettel geschrieben und unter den Zeitschriften versteckt.

Der Rest ging dann sehr schnell: Paul Werner und Hermann hatten Daniel die Augen verbunden und ihn weggeschleppt. Dann sind sie zusammen in ein Fahrzeug gestiegen und weggefahren. Erst viel später wurde ihm klar, dass er in der Vergangenheit gelandet war.

Bei ihrer Wanderung durch die Wüste wurde ihm der Verband abgenommen. Von Zeit zu Zeit durfte er sich auch frei bewegen. Weglaufen wäre auch sinnlos gewesen, denn niemand hätte ihn verstanden. Aber er hatte sich die Umgebung eingeprägt und auch genau auf die Gespräche der beiden Männer geachtet. Und das hatte ihnen ja letztendlich geholfen.

Anja räkelte sich in ihrem Bett. Draußen in der Küche hörte sie die ersten Geräusche ihrer Eltern – Sonntagsgeräusche. Sie blinzelte im hellen Sonnenlicht. Es hatte alles geklappt mit ihrer Rückreise. Niemand wird sich je daran erinnern, dass es einmal keinen Sonntag mehr gab. Auch Daniels Eltern werden keine Angst um ihren Sohn haben müssen, denn er war ja nie weg gewesen. Anja hörte ihren Vater in der Küche singen. Er deckte gerade den Tisch. Gleich wird er eine CD auflegen. Sonntags gab es immer etwas Klassisches. Naja, das war zwar nicht ihr Geschmack, aber am Sonntag durfte das ausnahmsweise sein.

Sie schälte sich langsam aus dem Bett. Doch irgendwas stimmte nicht. Sie kam sich beobachtet vor. Es war, als wäre sie in ihrem Zimmer nicht alleine. Sie zog ihren Bademantel über und zupfte ihre Bettdecke zurecht. Dann öffnete sie die Zimmertür. Plötzlich war ihr, als hätte jemand hinter ihr gesprochen. Sie drehte sich noch einmal um und hörte wieder eine Stimme, ganz leise und sehr weit weg: »Passt auf. Ich gebe mich nicht geschlagen. Ich komme wieder.« Sie kannte diese Stimme, aber dieses Mal beachtete sie sie nicht. Sie schloss die Tür und ging zu ihren Eltern in die Küche an den Frühstückstisch.

Bodo Meier-Böhme
Die Spur führt nach Samos
Sechs Freunde und der Apostel Paulus
ctb 70. 128 Seiten. ISBN 3–7668–3564–5

Luci traut ihren Augen nicht. Während des Unterrichts taucht aus ihrem Lesebuch das Gesicht eines fremden Mädchens auf, das nach Hilfe ruft. Zusammen mit ihren Freunden findet sie heraus, dass der Hilferuf aus der Stadt Ephesus im Jahre 54 nach Christus stammt. Mit Hilfe ihrer Zeitmaschine reisen die sechs Freunde in eine faszinierende Welt, um Lydia bei der Suche nach ihrem Freund Lucius zu helfen, der im Auftrag des Apostels Paulus mit einem Brief unterwegs war und dabei entführt wurde.

Bodo Meier-Böhme
Der doppelte Philipp
Sechs Freunde und die Erschaffung der Welt
ctb 75. 96 Seiten. ISBN 3–7668–3597–1

Das gib's doch gar nicht! Philipp traut seinen Augen nicht. Auf dem Fußballplatz spielt ein Junge, der haargenau so aussieht wie er. Das genauso klein ist, der das gleiche Gesicht hat, der sich genauso bewegt. Ist er ein Doppelgänger? Hat Philipp einen heimlichen Zwillingsbruder? Oder was geht hier vor?
Zusammen mit seinen fünf Freunden macht Philipp sich auf, das Rätsel zu lösen. Doch plötzlich ist der »doppelte Philipp« verschwunden ...